Maîtriser l'écriture dramatique - Créer une pièce à succès

Imprimer

Titre du livre : Maîtriser l'écriture dramatique - Créer une pièce à succès
Auteur : Natasha Tillett Slayton

Auteur : Natasha Tillett Slayton
Contact: wakdeamay@gmail.com

Maîtriser l'écriture dramatique - Créer une pièce à succès

Écrit par
Natasha Tillett Slayton

Inde
2024

CONTENU

Êtes-vous ici parce que vous voulez écrire des pièces de théâtre ? C'est super; J'applaudis votre désir. Une fois que nous en aurons discuté plus en personne et que vous aurez commencé à écrire ensemble des pièces de théâtre tirées de nos livres, nous pourrons peut-être discuter si l'achat de ce livre était effectivement le bon choix.

Comme le suggère le titre de ce livre, je suppose que vous voulez apprendre de moi comment créer une pièce de théâtre réussie ; Malheureusement, c'est quelque chose que je ne peux pas vous proposer pour le moment. Malheureusement pour vous, cela signifie que je n'ai aucune idée de la façon dont cela devrait fonctionner ; c'est pourquoi je soulève une autre question : « Qu'est-ce qui constitue une pièce réussie ? » Alors n'hésitez pas à utiliser du ruban adhésif noir et à coller le mot « Réussi » sur la couverture - notre compréhension collective déterminera si nous supprimerons ou modifierons cette étiquette à un moment donné du parcours de ce livre - commençons à chercher.

Vous vous demandez pourquoi j'ai écrit ce livre sur l'écriture dramatique ? Et pourquoi ai-je prétendu que je pouvais enseigner comment écrire une pièce de théâtre ?? Vous vous demandez peut-être pourquoi j'ai écrit un livre comme celui-ci sur la façon de rédiger un scénario pour une pièce de théâtre, pourquoi je crois pouvoir offrir de l'aide ?

Eh bien, j'écris des pièces de théâtre depuis près de 20 ans et j'ai récemment terminé ma 48e pièce en plusieurs actes. Lors des premières de pièces de théâtre, j'entends souvent des questions d'acteurs concernant l'écriture : "Comment faites-vous cela ? J'aimerais aussi écrire, ne pouvez-vous pas me donner quelques conseils pour le faire ?"

J'ai donc écrit ce livre. Pour vous dire comment je fais. C'était tout. Malheureusement, je ne sais pas exactement combien de productions de mes pièces il y a eu ; à un moment donné, j'ai renoncé à essayer. Mais plus de 1 000 personnes se sont réunies. Parce que le public et les scènes doivent trouver mes œuvres agréables à jouer, cela me permet d'expliquer aux lecteurs exactement ce qu'il me faut pour écrire des pièces de théâtre : écrire des pièces de théâtre !

Si vous souhaitez apprendre à écrire des pièces de théâtre de manière agréable et professionnelle, ou si vous avez besoin de soutien pour le faire, je vous suggère fortement de rejoindre des groupes de travail ou des séminaires. Les cours d'éducation pour adultes proposent parfois également ces services. Un tel groupe de travail pour les dramaturges bas-allemands - tel que le groupe de Verden pour les dramaturges bas-allemands - pourrait être particulièrement utile à cet égard - ne vous laissez cependant pas rebuter par son nom de "bas allemand". En écrivant des pièces de théâtre en bas allemand, nous nous efforçons de le préserver, mais même si vous ne savez ni parler ni écrire le bas allemand, cela n'a pas d'importance non plus ! Une fois que vous aurez fini d'écrire des pièces avec ce groupe, vous pourrez même trouver des traducteurs pour les traduire dans d'autres langues/dialectes !

Les séminaires du groupe de travail Verden ont généralement lieu deux fois par an et couvrent des sujets spécifiques. En raison de l'arrivée de nouveaux arrivants, un court cours de base est souvent proposé comme introduction à l'écriture dramatique ; vous pouvez trouver des informations en ligne sur cette option et déterminer si cela vaut la peine ou non pour vous. Bien entendu, d'autres voies peuvent encore être disponibles. D'autres groupes de travail et méthodes existent pour explorer la façon dont une pièce est écrite.

Votre main ne tient pas le manuel d'un dramaturge expérimenté lorsque vous lisez ce livre ; Je suis juste quelqu'un qui est venu à l'écriture grâce au théâtre et qui s'est depuis retrouvé écrivain prolifique. Tout ce que je peux offrir ici, ce sont mes expériences, conseils et astuces basés sur celles-ci - rien d'autre. N'oubliez pas que ce livre ne fournit cependant pas de règles que vous devez respecter ; je ne peux plutôt que décrire mon approche.

Si cela ne vous suffit pas et que ce livre vous déçoit, alors peut-être que ce livre n'est pas fait pour vous. S'il te plaît, accepte mes excuses; peut-être échanger ou offrir en cadeau ; J'espère que les éventuelles bandes adhésives de la feuille de couverture pourront être retirées sans les endommager, sinon l'échange deviendra difficile. Cependant, si vous souhaitez apprendre comment Helmut Schmidt écrit des pièces de théâtre, j'apprécierais cette expérience autant que n'importe quelle autre.

Permettez-moi de commencer par dire ceci à propos de moi-même : je sais avec certitude que je défie toutes les règles d'écriture ! Aucune loi ne dicte la manière dont un écrivain doit écrire ; cependant, certaines lignes directrices doivent être respectées lors de la création de matériel destiné à la publication. Recommandant (et j'utilise le mot intentionnellement), l'écriture d'une pièce devrait procéder comme ceci : vous avez déjà votre intrigue en tête (une expression utilisée pour définir les liens causals entre un cours imaginé d'événements et une fin attendue), créant ainsi une certaine forme. de l'horaire à la main serait idéal. Cela signifie : une fois que vous connaissez votre scénario global, écrivez exactement ce qui se passe dans chaque acte et chaque scène jusqu'à la toute fin. Une fois cette étape franchie, l'écriture peut commencer sérieusement, soit sur papier, soit sur ordinateur. La plupart des éditeurs conseillent aux dramaturges d'adopter cette approche lors de l'écriture de pièces de théâtre ; et la plupart des dramaturges suivent certainement cette voie lorsqu'ils commencent à écrire leur(s) pièce(s). Cela dit, je le fais différemment : j'ai seulement une idée et je commence à écrire.

Mon processus d'écriture ne suit pas un calendrier et une exposition rigides. Au lieu de cela, je réfléchis aux personnages à incarner avant de créer un aperçu dans ma tête de ce qui pourrait arriver, puis je commence à taper l'intégralité de la pièce directement dans mon cahier. Malheureusement, je ne sais jamais exactement comment la pièce va progresser ou se terminer ; mes pièces ne prennent forme qu'en les écrivant – dans bien des cas, tout ce que je connais au début, c'est leur titre ! Donc, si vous aimez mon approche de l'écriture, nous pourrions faire d'excellents partenaires !

Oh, encore une chose : quand il s'agit d'écrire pour des troupes de théâtre, j'ai tendance à me concentrer sur les productions amateurs plutôt que sur les scènes professionnelles – ce que les éditeurs me rappellent souvent. Alors voilà. Écrire exclusivement pour des stages professionnels me donne la possibilité d'être plus flexible à certains égards ; Je pourrais incorporer plusieurs décors et costumes. Mais quel serait l'intérêt de proposer mon travail seulement à quelques théâtres sélectionnés et indifférents ? Cela peut prendre des années, peut-être ne jamais être joué sur des scènes amateurs car l'effort que cela nécessiterait dépasserait sûrement leurs capacités. N'est-il pas plus logique d'écrire des pièces qui peuvent être mises en œuvre de manière simple et ludique par des acteurs amateurs tout en répondant aux exigences de qualité et de niveau de scène professionnelles ? Je le crois et c'est pourquoi, lorsque j'écris, je considère principalement les groupes de laïcs. Chaque groupe a besoin d'une pièce de théâtre chaque année. Célébrons ensemble quelques classiques que j'admire particulièrement ; ceux-ci resteront sans aucun doute mes favoris pendant de nombreuses années à venir ! « Mon mari part en mer » et « Le monsieur meublé » sont de grands classiques du théâtre ; cependant, les pièces de théâtre modernes (telles que « Mon mari va à la mer » ou « Le gentleman meublé ») peuvent avoir une plus grande pertinence. Et pour les troupes de théâtre qui jouent leurs pièces en bas allemand, il est particulièrement crucial qu'elles touchent le jeune public ; cela n'arrivera peut-être pas avec des œuvres se déroulant dans les années 50 et 70.

C'est maintenant le moment opportun pour moi d'introduire l'histoire du théâtre et de commencer par décrire ses caractéristiques fondamentales telles qu'énoncées par Aristote : la principale caractéristique du théâtre est la présentation de l'action basée sur le dialogue, ce qui le différencie de l'épopée narrative. Il pourrait y avoir des livres entiers écrits sur ce sujet, mais je suggère plutôt d'écouter des séminaires ou de visiter des sources en ligne afin d'en découvrir les racines.

Êtes-vous toujours ouvert à la collaboration ? Je m'en félicite. Marchons ensemble sur ce chemin qui mène à la production de notre première pièce, qui pourrait même devenir un succès ! J'ai hâte d'aider. Je suis content.

De 1984 à 1991, à environ 25 kilomètres de la maison de mes parents, j'ai travaillé comme disc-jockey dans une discothèque le week-end, une de ces petites discothèques de village qui n'existent plus aujourd'hui. Là, j'ai joué des singles de C.C. Richards ainsi que des chansons écrites spécialement pour cette disco par d'autres compositeurs comme Johnny Stein (qui n'existent malheureusement plus aujourd'hui). Catch, Modern Talking ainsi que U2 et Queen jouaient sur les haut-parleurs ce soir-là, car j'étais l'un des DJ chargés de fournir des informations aux invités via mon microphone sur chaque artiste ou chanson pendant que nous jouions chaque morceau et les passions ! Danser était très amusant ; celui qui danse beaucoup a besoin de boire ; une tactique commerciale astucieuse ! Chaque soir, j'avais le droit de répondre aux demandes musicales de jeunes femmes comme Edeltraud Trey qui voulait toujours "Touch by Touch" de Joy comme chanson préférée. C'est là qu'Edeltraud Trey est entrée dans ma vie ! À un moment donné, Edeltraud m'a dit qu'elle participait à un spectacle de théâtre avec un groupe amateur et que leur première allait bientôt avoir lieu. J'ai assisté et j'ai vraiment apprécié leur performance ; Presque un an plus tard, Edeltraud m'a dit qu'un de leurs membres était parti et qu'ils voulaient désespérément se réunir le plus tôt possible.

Comme Edeltraud voulait quelqu'un de "plus jeune", j'ai décidé de rejoindre la troupe de théâtre Stapelmoor à Rheiderland et de jouer le jeune amant d'Edeltraud - en jouant toujours bien mon rôle et en appréciant pleinement la représentation théâtrale ! Cependant, après ma deuxième année, j'ai remarqué que de nombreuses pièces sélectionnées par Spolbaas n'étaient pas très modernes et j'ai commencé à explorer d'autres troupes de théâtre et les œuvres qu'elles interprétaient. Parmi les 20 troupes de théâtre opérant autour de Leer, beaucoup ont joué des pièces traditionnelles, voire classiques, dans le style des années 1950. À cette époque, mes amis et moi jouions en bas allemand ; à cette époque, il devenait déjà évident que cette langue devait être davantage encouragée dans les jardins d'enfants et les écoles, car de plus en plus d'enfants n'entendaient que l'allemand standard de la bouche de leurs parents. Alors que je réfléchissais à la meilleure façon de promouvoir le bas allemand dans les troupes de théâtre amateurs, je me suis rendu compte que se contenter de jouer de vieilles pièces des années 50 et 60 ne fonctionnerait pas. Le théâtre doit aussi exister aujourd'hui s'il veut rester pertinent. Attirer les jeunes vers le théâtre et le bas allemand constitue une préoccupation particulière. J'ai répété "Funfair in 't Dorp" avec ma troupe de théâtre en 1989 - avec plusieurs moments amusants mais qui n'est par ailleurs qu'une autre comédie paysanne des années 60. Au cours de l'été de la même année, j'ai commencé à utiliser une machine à écrire Olympia et j'ai tenté d'écrire ma propre pièce. Alors qu'à cette époque je n'avais qu'une expérience de jeu minimale, mon objectif était d'écrire quelque chose sur l'approche des noces d'argent comme premier travail. Elle veut une grande fête : il est au chômage depuis plusieurs semaines mais quitte la maison tous les matins, cachant son sort à sa femme pour ne pas gâcher sa joie à l'occasion de cette étape passionnante. Mon intrigue consistait à trouver des moyens de financer cette célébration ; d'où la création de la pièce en trois actes "Two Boys Too Many". À la fin de l'été 1989, mon travail était terminé malgré un début de gêne ; Grâce au soutien d'Edeltraud, elle a depuis été jouée à de nombreuses reprises avec un grand succès.

Diedrich Wessels était notre directeur du jeu. Il a dit que c'était trop long et qu'il fallait le réduire considérablement ; J'ai travaillé là-dessus avec lui et nous l'avons créé avec notre troupe de théâtre à Stapelmoor en février 1990 - jouant presque toujours devant un public à guichets fermés ? Considérez-vous cela comme une pièce réussie ?

En quoi 2018 diffère-t-elle des années précédentes ? Je ne le crois pas ; c'est une réaction tout à fait normale lorsque les gens apprennent qu'un membre d'une troupe de théâtre amateur écrit leur première œuvre et que les gens deviennent curieux de la voir - cela ne reflète pas le succès mais a néanmoins de bonnes critiques. Comme j'ai écrit la comédie en pensant au rire, mais sans être trop « plat », des demandes sont rapidement venues de différentes scènes pour savoir où cette pièce pouvait être vue ; m'obligeant ainsi à trouver des éditeurs. Comme je savais que notre troupe de théâtre avait acheté des pièces de Karl Mahnke à Verden - qui reste le principal éditeur allemand de pièces de théâtre en bas allemand et où sont publiés de nombreux classiques bien connus - j'ai soumis mon travail en espérant qu'il y serait accepté. Mais après quelques semaines, mon manuscrit m'a été renvoyé et j'ai été informé qu'il ne pouvait pas être publié tel quel et qu'il fallait y travailler avant que la publication puisse avoir lieu. De plus, j'ai été invité à visiter le groupe de travail de Verden, ce qui m'a indigné ; ayant joué le rôle principal dans une pièce incroyable plusieurs semaines auparavant qui a reçu des ovations debout, cela n'avait aucun sens que ces mêmes personnes m'écrivent des lettres disant que mon travail n'était pas assez bon alors qu'ils ne l'avaient même pas vu eux-mêmes !

Aujourd'hui, je peux en rire ; mais croyez-moi sur parole, la même chose peut vous arriver. Après que mon premier travail ait été accepté pour publication, j'ai rejoint le groupe de travail de Dieter Jorschick - je ne regrette pas d'y avoir été enseigné car ce qui y a été enseigné a eu une énorme influence sur la qualité et le niveau de mes travaux ultérieurs, avec lesquels nous étions souvent en désaccord. (parfois très fortement !) En tant que personne qui n'était pas facilement intimidée, je ne voulais pas non plus attendre d'avoir terminé mon article pour éditer ou changer quoi que ce soit - au lieu de cela, j'étais impétueux dans la prise de décisions et je voulais que mon travail soit publié immédiatement après que le premier travail ait été publié. terminé - quelque chose que Dieter Jorschick a rendu possible grâce à sa patience, bien que parfois désagréable (quoique). Plus provocant que jamais, quand est venu le temps d'éditer ou de modifier quoi que ce soit (même un effet significatif sur l'amélioration des travaux ultérieurs dont nous avons discuté lors du groupe de travail.) Dieter Jorschick nous a appris une valeur inestimable dans ces domaines ! (même si nous étions souvent en désaccord !) Bien que parfois têtu et moi-même obstiné à éditer après ! Mais une fois terminé, il a été décidément publié immédiatement, sans aucun changement nécessaire après avoir écrit quelque chose de nouveau si rapidement après avoir commencé quelque chose si rapidement ; cela signifiait avoir relu avant de commencer le processus d'édition bien sûr (peu importe...).

Comme des demandes de renseignements de différents groupes étaient déjà arrivées, que dois-je faire ? J'ai cherché un autre éditeur et j'y ai enregistré mon essai ; bien que légèrement modifié pour eux également. Une fois cela fait, ma confiance a augmenté rapidement ; m'amenant ainsi à commencer immédiatement le morceau suivant ; ce qui m'a finalement amené à en écrire de plus en plus ! Du coup, je suis devenu un écrivain extrêmement prolifique – oui – certains éditeurs pensent autrement mais pas pour moi ; mon travail n'a pas besoin d'une révision intensive lorsque vous produisez plus de travail ! Je pense autrement !

Eh bien, tout s'est passé en 1990 et maintenant je viens de jouer ma 48ème pièce en plusieurs actes sous ce titre : Quatre mains pour un pis". - Comme son scénario.

Le temps s'écoule...

Mais permettez-moi d'abord de vous demander pourquoi vous voulez écrire une pièce de théâtre. Laissant de côté toute discussion sur le succès à ce stade - nous ne nous connaissons pas et rien dans votre parcours ne suggère que cela conviendrait en tant qu'auteur - ne paniquez pas ; écrire ne nécessite pas de doctorat, de formation spécifique ou de diplôme, que je ne possédais certainement pas moi-même (nous repartons donc tous les deux de la case départ !). Alors, qui pourriez-vous essayer d'être ?

Voici quelques exemples:

Êtes-vous un homme d'une quarantaine d'années, travaillant comme agent immobilier, marié, père de trois enfants, jouant au football dans une équipe masculine senior pendant votre temps libre et avez récemment été persuadé par votre femme de rejoindre une troupe de théâtre amateur dans laquelle elle a été impliquée pendant années, que vous appréciez vraiment et qui vous passionne et vous passionne tellement qu'écrire des pièces de théâtre est devenu quelque chose que vous voulez essayer vous-même ? - Très bien alors.

Imaginez ceci : vous êtes une femme célibataire d'une cinquantaine d'années ou au début de la retraite qui s'ennuie un peu à la maison mais qui aime aller au théâtre de temps en temps et qui se demande : je peux sûrement faire ce que cet auteur a écrit ? - Accepté.

Le début de la vingtaine est plein d'incertitude quant au cheminement de carrière à suivre. Êtes-vous un lecteur assidu avec des atouts en allemand et en rédaction d'essais issus de l'école ? - Excellent. Êtes-vous passionné de théâtre? - Fantastique.

Est-ce que l'un des exemples vous parle ? Quels que soient votre âge, votre type de formation ou la raison pour laquelle vous souhaitez écrire, l'essentiel est que votre écriture vienne de l'intérieur - qu'elle s'intéresse au théâtre et à son sujet. Et surtout : il faut prévoir suffisamment de temps pour ce travail d'auteur dramatique - j'ai commencé comme travail à temps partiel et je continue cette pratique aujourd'hui - cette approche est tout à fait correcte, assurez-vous simplement d'utiliser chaque heure d'éveil disponible pour écrire !

À la base, écrire devrait être amusant pour vous — lire est encore mieux — tout comme aller au théâtre. En étant déjà monté sur scène - même sur une scène amateur - et en interprétant vous-même certains rôles - vous êtes bien mieux préparé à devenir vous-même auteur - ce que j'ai moi-même fait au début de cette aventure.

Même si je ne connais pas vos motivations pour vouloir écrire, il se pourrait qu'une pièce vous ait ennuyé et que vous souhaitiez en changer ? Peut-être avez-vous assisté à un spectacle, peut-être sur une scène établie, où il n'a pas réussi à divertir ? Ou demandez aux membres du public de votre troupe de théâtre de remarquer de meilleures productions des années précédentes ; ou même vous n'étiez pas satisfait à la fois de son élément global et de votre rôle. Alors vous souhaitez l'améliorer ? Pourquoi pas? -

Écrivez-vous une pièce parce qu'elle serait amusante et vous rapporterait un revenu supplémentaire dans le cadre de votre travail à temps plein ? - C'est super aussi. Quelle que soit la motivation, tout ce qui compte vraiment, c'est qu'elle réponde à un besoin profondément ancré en vous d'écrire quelque chose de dramatique ! L'essentiel est simplement de faire ce qui a du sens pour VOUS, quelles que soient les motivations qui vous motivent.

Êtes-vous toujours là et êtes-vous prêt ? (D'accord.). Cela dit, continuons. Beaucoup pensent que l'écriture est quelque chose d'héréditaire ; les personnes ayant des capacités d'écriture ne l'apprennent pas uniquement par le biais d'études universitaires - il doit y avoir quelque chose de génétique dans leur talent qui transparaît ; quelqu'un a besoin d'une inclination pour quelque chose comme ça en eux. Mais il n'est pas nécessaire que ce soit vrai ; tout le monde peut l'apprendre s'il reçoit suffisamment de soutien. [Ces gens croient souvent] [...] mais apprendre est possible ! » Son peuple a tendance à penser :

À l'âge de 10 ans, en 5e année, ma mère écrivait souvent mes devoirs pour l'école avec lesquels j'avais des difficultés - les habituels comme : « Mes plus belles vacances » ou « L'orage », dictés par les professeurs. Ces types d'essais narratifs étaient difficiles pour moi ; ma mère excellait dans ce domaine ; en 20 minutes, elle a rédigé pour moi de magnifiques devoirs qui m'ont systématiquement valu de bonnes notes à l'école - merci maman ! Malheureusement, mon intérêt pour l'écriture n'est apparu que plus tard, à l'âge de 25 ans.

Il n'existe aucune loi fixant des exigences spécifiques pour devenir dramaturge. Tant que vous répondez à tout ou partie des critères suivants, votre carrière d'auteur dramatique devrait se dérouler sans problème :

Êtes-vous quelqu'un qui aime socialiser, à la fois parler aux autres et écouter ?

Vous aimez rester informé des événements mondiaux et locaux, lire des journaux et des romans, aller au théâtre, au cinéma, à l'opéra et aux concerts ainsi qu'à des événements culturels tels que des conférences ?

Êtes-vous quelqu'un qui aime regarder des films à la télévision, ainsi que divers talk-shows, reportages et séries de temps en temps ? Pouvez-vous prédire à mi-chemin comment un film se terminera ?

Pouvez-vous répondre oui à tout ou partie de ces points ? Alors qu'est-ce qu'on attend
?

CHAPITRE TROIS - OUTILS ET ESPACE D'ÉCRITURE

Bien sûr, vous pouvez acheter un bloc-notes et un crayon et commencer à écrire, mais aucun éditeur aujourd'hui n'acceptera un manuscrit manuscrit comme support de soumission. À notre époque moderne, l'écriture n'est peut-être plus possible sans ordinateurs, supports de stockage et programmes de traitement de texte tels que Word. Je conseillerais fortement d'utiliser « Word » pour les projets d'écriture dramatique qui seront publiés. Logiciel de capture et d'édition de texte de Microsoft ; Les éditeurs y font aussi souvent confiance. Pour des performances optimales, les revendeurs spécialisés proposent la dernière version. Bien que ce programme coûte environ 100 euros à l'achat, ses avantages ne se limitent pas à la simple saisie de texte sur un ordinateur ; les utilisateurs d'ordinateurs portables en bénéficient également. Des années de travail exclusivement sur des ordinateurs portables m'ont donné l'avantage de la flexibilité ; Je peux les emporter partout avec moi et utiliser l'appareil chaque fois que cela est nécessaire. Le matériel (le bloc-notes) et les logiciels (Word) sont désormais prêts et attendent de capturer toutes les idées qui surgissent. Si ce processus est trop rapide à votre goût et que vous préférez travailler sans ordinateur, si cette approche vous semble trop rapide, commencer avec un bloc-notes et un crayon peut également fonctionner ; à l'avenir, vous pourrez toujours emporter avec vous un petit livret et un stylo afin de prendre des notes si nécessaire ; mais votre travail final doit être transféré sur un ordinateur ; il serait donc plus sage que vous vous habituiez à en utiliser un dès le premier jour.

Commencez par trouver l'espace idéal pour écrire. Certains auteurs insistent sur le fait qu'il doit s'agir d'une pièce vide avec votre bureau à la place : fermez simplement la porte derrière vous, mettez de côté tout ce qui vous entoure et commencez à écrire en toute concentration !
Eh bien, si c'est ainsi qu'écrivent certains auteurs, il n'y a rien de mal à cela ; mais suggérer que l'écriture ne peut se produire que de cette manière est un non-sens total.
Trouvez un espace qui vous parle et ne laissez personne d'autre vous dicter où et à quoi il doit ressembler. Je pense qu'avoir beaucoup d'éclairage et une ambiance accueillante sont particulièrement essentiels. J'ai certainement un bureau avec un bureau ; cependant, j'aime aussi écrire dans mon salon, allongé sur le canapé, le cahier posé contre mes cuisses, en attendant que l'inspiration me frappe. Pas besoin non plus de silence absolu ; une belle musique m'aide à me concentrer ! Le style d'écriture de Chris de Burgh est celui que j'apprécie particulièrement pour écrire dehors par beau temps - j'aime aussi m'asseoir dehors sur la terrasse ou sur le banc du parc et écrire

tout en faisant de longs voyages en train ! Même pendant les vols, j'écris souvent. Il y a même des auteurs qui aiment s'asseoir dans les cafés avec leur cahier et écrire devant d'autres personnes ; si cette approche vous parle, explorez-la ! Tout est possible.

En ce qui concerne l'écriture, le lieu dépend entièrement de vous ; trouvez un endroit confortable où vous vous sentez le plus détendu, mais assurez-vous que les autres personnes ne vous interrompent pas ou ne vous dérangent pas trop souvent ; cela devrait vous permettre de vous concentrer. Si vous avez de la famille, informez-les simplement au préalable que vous souhaitez disposer d'un moment d'écriture ininterrompu. Moment de la journée pour écrire

Dès que vous vous sentez prêt et motivé pour écrire, sautez le pas ! Lorsque votre humeur s'est détériorée ou que vous vous sentez déprimé – peut-être parce qu'une personne importante est décédée – n'écrivez pas. Attendez un jour ou deux jusqu'à ce que votre moral s'améliore avant de recommencer à écrire. Si quelque chose vous a profondément bouleversé – comme la perte d'un de vos amis les plus proches – écrire peut souvent vous apporter du réconfort.

Si un être cher est décédé ou si vous vivez quelque chose de plus important qui vous dérange, écrire est probablement impossible – ce processus peut même prendre des semaines ou des mois ! Ne vous embêtez même pas à essayer !

Ne vous forcez pas à écrire juste pour vous distraire d'une mauvaise humeur, car cela ne fonctionne pas. Sans parler d'y penser comme une telle option !

Il n'existe aucune règle définie concernant la durée pendant laquelle les écrivains doivent écrire, mais une à deux heures à la fois (soit environ 1 000 mots) devraient suffire pour un travail productif. Évitez d'écrire seulement une fois par mois, car il deviendra alors très difficile de retrouver votre fil de discussion - vivez plutôt votre travail. Pensez à votre article et discutez-en avec les autres lorsque vous ne tapez pas ; certaines idées pour son développement ultérieur surgissent souvent même sans rien taper ! Soyez conscient de ce qui a déjà été écrit jusqu'à présent et anticipez ce qui pourrait se passer ensuite (scène, acte). N'hésitez pas à faire des pauses - même sur plusieurs jours - quand bon vous semble ! Vous êtes les bienvenus même pendant vos pauses - n'hésitez pas, même pendant des journées entières !

Des dramaturges m'ont dit un jour qu'il leur fallait deux ans pour écrire une pièce - écrivant généralement 20 pages avant de la ranger pendant trois mois et de revenir trois mois plus tard pour y travailler davantage. Lorsqu'il est finalement terminé sous sa forme brute après plusieurs mois, ils le retravaillent encore et encore.

Imaginez ma surprise d'apprendre cette nouvelle ; un tel arrangement ne me viendrait jamais à l'esprit ! Cependant, si l'écriture reste notre passion commune, oubliez cette question car la vie passe vite.

Avons-nous donc tout discuté jusqu'à présent ? Merveilleux. - Alors mettons-nous au travail maintenant que tout est prêt ? Votre ordinateur ou notebook est-il équipé, ou au moins un bloc-notes et un stylo, ainsi qu'un espace de travail idéal prêt ? C'est maintenant un moment et un lieu opportuns pour nous tous. Allons-y – cela devrait suffire pour le moment.

Les préparatifs sont terminés et il est maintenant temps de se concentrer sur le problème principal : votre première pièce de théâtre !

Votre pièce commence par son idée de base. Généralement, cela peut être décrit dans une longue phrase qui pose des questions plutôt que des déclarations ; à partir de là, les personnages et l'intrigue se forment généralement de manière organique - par exemple :

"Imaginez ceci : si un gynécologue diagnostiquait qu'une femme de 45 ans était enceinte, mais que le même jour, sa fille se présentait avec le même nom de famille pour un prélèvement sanguin et que quelque chose tournait mal, quel serait le résultat ?" (la recette du succès)

Comment l'une des familles les plus riches d'Allemagne réagira-t-elle lorsque les informations suggèrent qu'une comète va frapper la Terre d'ici quelques semaines et mettra probablement fin à toute vie sur Terre ? *(Pyramides of Time) Comédie musicale actuellement en développement

"Que se passerait-il si deux hommes au chômage commençaient à offrir un service d'escorte aux femmes?"*(Bienvenue Chez André) "Deux sans-abri utilisaient une maison de vacances abandonnée sur une île comme refuge pendant les mois d'hiver, et pourtant cette maison est vendue et une famille emménage"*(Heideweg n° 11)

Un chimiste amateur crée un sérum destiné à éliminer toute trace d'odeur de sueur, et fera des tests avec des sujets volontaires." *(Le professeur fou).

*Titres de mes pièces inspirées de ces idées de base. mes L'as-tu compris ? Une seule phrase suffit généralement pour une idée ; en écrire un peut même aider. Les idées peuvent nous venir n'importe où et n'importe quand ; par exemple, en 1991, lorsque Renate et Stefan Brommelhaup se sont mariés sur notre lieu de travail, ils m'ont raconté tous les préparatifs intensifs de leur mariage des mois à l'avance - j'ai assisté à leur cérémonie en tant qu'observateur assis dans l'église et regardant.

Connaissez-vous la réponse à cette question ? Dans la pièce, tout ce qui pourrait mal tourner lors des préparatifs du mariage et la cérémonie elle-même se produisent ! Cela donne une superbe comédie que le public adore !

Je pense que c'est en partie pourquoi cette pièce est jouée si fréquemment ; la plupart des spectateurs ont assisté à au moins un mariage dans leur famille ; ou le leur, avant de regarder cette pièce. Rendre votre plus beau jour (parfois pas !!) mémorable nécessite une préparation minutieuse - même dans ce cas, les choses peuvent encore mal tourner, ce qui rend le drame encore plus grand lorsqu'on le voit sur scène ! Et parce que personne ne veut en faire l'expérience directe, le public apprécie de voir de telles représentations se dérouler devant lui sur scène !

Permettez-moi de donner un autre exemple du fonctionnement de la dramaturgie. Si votre écriture manque de moments qui deviennent captivants ou pleins de suspense après plusieurs pages, alors votre pièce n'est pas considérée comme dramatique - la pièce ne peut pas fonctionner sans conflit et sans tension !

Construisez la banalité ! C'est une excellente façon d'apprendre le théâtre. Ce processus en deux étapes fonctionne parfaitement ! Faites attention!

Dans une foire, une jeune femme regarde une grande roue vide qui tourne lentement autour d'elle.

Trouvez-vous ce sujet et son drame intrigant et captivant ? Peut-être pas; dans ce cas, quelles questions vous viennent à l'esprit dès que vous imaginez cette scène ?

Quelqu'un peut-il expliquer pourquoi la femme sur cette photo est seule à la foire ? Envisagent-ils de monter sur la grande roue et d'en profiter ? Mes questions ont presque suivi leur cours... Je ne veux même pas en savoir plus, car regarder une grande roue vide dans une foire peut être très ennuyeux - ou ont-ils même besoin de réponses ?!?!?

Alors maintenant, prolongeons cette phrase :

Dans une foire, une jeune femme regarde une grande roue pleine et en rotation quand soudain quelqu'un tombe à 30 mètres d'une de ses gondoles ! Ouah! Maintenant, c'est dramatique !

Et puis viennent les questions : Pourquoi cette personne est-elle tombée de la gondole ? Était-ce un accident ou un meurtre ? Qui était dans cette gondole, y compris qui est la jeune femme avec laquelle elle est assise.... Voulez-vous un autre exemple pour vous familiariser avec les moments dramatiques ? - Oui s'il vous plaît!

Les couples jeunes et heureux veulent se marier. Tous deux veulent le faire « de manière virginale ».

Eh bien, cela peut sembler peu conventionnel de nos jours, mais c'est à chaque individu de décider. Quelles questions ou demandes de renseignements découlent de cette phrase ? Peut-être une question : pourquoi les deux individus souhaitent-ils attendre leur mariage ? Nous prolongeons cette réflexion :

Peu avant la date de leur mariage, un jeune couple malheureux décide de se marier sans savoir qu'ils sont enceintes - pour finalement découvrir que peu de temps après, la jeune femme est enceinte ! Inutile de dire qu'il y a désormais plus de questions que de réponses pour toutes les personnes impliquées.

S'il vous plaît, essayez de créer une dramaturgie ou un point passionnant à travers des phrases comme celle-ci - cela fonctionne vraiment ! De plus, vos idées pourraient se retrouver dans votre pièce ! Avez-vous déjà une idée de ce que devrait être votre premier article ?

Ce principe devrait vous aider à déterminer si vous souhaitez écrire une comédie, un roman policier, une pièce de théâtre ou une comédie musicale. Gardez également à l'esprit si vous souhaitez ou non choisir entre l'écriture de croquis, des pièces en un acte et des pièces en plusieurs actes et dans quelle(s) langue(s) écrire.

À l'époque, j'ai immédiatement commencé par une pièce en plusieurs actes et depuis, je me concentre uniquement sur les comédies. Pour les besoins de ce livre, nous discuterons des comédies complètes. Comme l'allemand standard est la langue que je recommande (bien que le bas allemand puisse fonctionner s'il est traduit ou s'il est fait en haut allemand en publiant votre article, l'éditeur reçoit généralement également le droit de traduire votre pièce ou votre roman dans d'autres dialectes tels que le néerlandais, le suisse allemand ou autre). Comme le bas allemand n'est peut-être pas encore quelque chose que tout le monde peut parler couramment, nous écrirons notre article en allemand standard à la place - bien que le bas allemand puisse fonctionner si la rédaction d'une première ébauche est nécessaire en bas allemand, car le bas allemand peut être traduit en haut allemand avant d'être à nouveau traduit. avant d'être à nouveau traduit avant d'écrire le tout en haut allemand à moins que nous décidions d'écrire notre pièce !

Votre idée initiale pour la pièce ne doit venir de nulle part. Ne commettez pas l'erreur d'écrire sur quelqu'un qui va en prison pour évasion fiscale et dit à ses proches qu'il rejoint à nouveau l'armée, pour que son navire coule plus tard - ni d'écrire sur une troupe de théâtre qui met en scène des pièces de théâtre avec répétition générale et première. scènes se déroulant en un seul acte, avec des résultats humoristiques.

Les passionnés de théâtre reconnaissent déjà ces concepts : "Mon mari va en mer" et "Rien que du désordre". Si vous écrivez quelque chose de similaire, cela peut poser des problèmes avec d'autres auteurs qui en revendiquent les droits ; il serait donc préférable de créer votre propre idée. pour une pièce et trouver votre propre public au lieu de plagier quelque chose qui existe déjà. Avec des milliers de pièces de théâtre déjà écrites, sont-elles encore possibles aujourd'hui ? Quel sujet ou quelles idées pourraient susciter quelque chose de nouveau en 2008 et au-delà ?

Quelle idée n'a pas encore été pleinement exploitée ?

Personne ne vous accusera de vous tromper complètement si vous pensez que tous les thèmes fondamentaux ont déjà été explorés. Ceux-ci peuvent inclure l'héritage, le fait de gagner à la loterie, la naissance d'un enfant, le chômage ou la faillite, etc.

Tous ces éléments existent déjà, mais avec la bonne combinaison, quelque chose de nouveau émerge : une pièce incomparable. C'est précisément ce qu'il vous appartient de réaliser.

Ayez l'esprit ouvert et utilisez votre imagination lorsque vous cherchez l'inspiration ; même si votre intrigue provient d'une autre source comme un film ou un roman, elle ne doit être prise que comme source d'inspiration et non copiée directement sous forme de dialogue pour être publiée en tant que pièce. Laissez libre cours à votre côté créatif et essayez de créer quelque chose vous-même.

Trouvons maintenant une idée pour votre première pièce. Que pensez-vous de cela : "Une femme de 70 ans qui exploite encore un dépanneur devrait être expulsée par ses enfants vers une maison de retraite." Quelles associations ou questions vous viennent immédiatement à l'esprit en réponse ? Fermez d'abord le livre et réfléchissez profondément à cette déclaration avant d'écrire ce qui vous vient à l'esprit, puis lisez plus loin cette idée pour voir si des questions similaires se posent à vous-même - j'ai rapidement pensé moi-même à cinq de ces questions !

Pourquoi les enfants tentent-ils d'expulser leur mère ?

Que va devenir le magasin et que comptent en faire ses enfants ?

Comment se comporte la mère – les projets qu'elle fait avec les autres, etc. ?

Et enfin, comment est payée la maison de retraite ?

Mes pensées correspondent-elles aux vôtres ? - Avez-vous trouvé le sujet intéressant ? Je l'espère – cette idée est la mienne, mais aucun auteur n'a encore écrit de pièce à ce sujet.

Il n'y a pas beaucoup de confusion quant à ce que ce sujet englobe. Bien sûr, il y a des pièces de théâtre ayant pour thème les maisons de retraite et les maisons de retraite ; l'une a été jouée au Théâtre Ohnsorg de Hambourg l'été dernier sous le titre "Atschuss mien Leeve", tandis que les classiques les mettent également en avant ; mais nous créons notre propre travail en utilisant les maisons de retraite comme toile de fond plutôt que comme décors.

Comme première étape dans le développement de notre pièce, la première chose que nous devons faire est d'identifier le moment où elle doit avoir lieu. Vous avez ici une totale liberté - choisissez n'importe quelle période à partir d'aujourd'hui jusqu'aux années 1970 (les théâtres amateurs peuvent trouver cela plus difficile), bien que les costumes, la scénographie, le langage et la devise doivent tous correspondre en conséquence si vous jouez une pièce de théâtre amateur de cette période - comme les costumes et la scénographie de ces décennies nécessiteront un soin particulier lors de la représentation. Les théâtres amateurs ont tendance à avoir plus de difficultés que les scènes professionnelles lorsqu'ils créent la pièce elle-même, mais certains le font encore en l'avançant de 20 à 30 ans - quelque chose qui n'arriverait jamais dans une production de théâtre amateur ! Nous avons donc convenu de commencer notre travail commun à partir de 2008. Est-ce que cela vous convient ? Malheureusement, je ne peux pas offrir grand-chose d'autre puisque la plupart de mes pièces se déroulent entre cette époque et aujourd'hui, car mes pièces n'existent généralement pas non plus à cette époque !

Je pense qu'il serait possible de présenter à nouveau ce travail sans apporter de modifications significatives, à partir de 2008 en raison de la lenteur du changement en Allemagne. Même d'ici 2015, cela devrait toujours être d'actualité et pourrait encore se produire – ne me croyez pas sur parole ; soyez simplement assuré que cela pourrait se produire comme prévu. Le monde change constamment ; la technologie en particulier est une force d'évolution incroyable qui m'inquiète parfois ; si j'achète un téléphone portable aujourd'hui, il deviendra probablement obsolète demain, voire plus tôt ! Cependant, avec les pièces de théâtre, il est courant de s'attendre à ce qu'elles restent jouables pendant 10 à 20 ans sans modification - ce que j'ai observé avec des œuvres que j'ai écrites il y a 10 ans et qui ont survécu presque inchangées malgré le passage de notre monnaie du Deutsche Mark (DM) à l'euro. Votre pièce peut donc continuer à être appréciée du public pendant un certain temps !

Qui sait; peut-être que dans 50 ans ce film deviendra un classique intemporel !

Il faut maintenant aborder la scénographie. Au fil des années, j'ai rencontré de nombreuses troupes de théâtre amateurs qui déployaient de grands efforts dans la conception de leurs scènes ; certains y voient même une opportunité de montrer au public quelque chose de spécial. Mais peu de groupes choisissent volontairement des décors complexes. De plus, de nombreuses personnes évitent de montrer plusieurs décors ; pour certains groupes, cela est même impossible ; peut-être qu'à un moment donné, lors de l'écriture des pièces, il deviendra nécessaire de montrer toute l'action en utilisant un seul décor. J'en ai fait l'expérience personnellement et je l'ai trouvé tout à fait inoffensif ; certains théâtres amateurs le font effectivement bien. Même si les ensembles professionnels peuvent utiliser des scènes tournantes sans problème, notre attention devrait demeurer sur les scènes amateurs ; quel théâtre amateur en possède déjà un ? Si vous souhaitez que votre pièce soit lue largement et jouée souvent, évitez les ensembles élaborés comportant plusieurs composants. Les troupes de théâtre ont la possibilité de changer rapidement de décor, alors que des images complètement différentes peuvent les rebuter, même si votre pièce est appréciée par les troupes de théâtre.

Maintenant, vous vous demandez peut-être quel type de décor utiliser. Vos options pour créer cela sont vastes – le paradis ou l'enfer sont deux bons points de départ ; pour cette dernière option, demandez et décrivez ce paramètre de scène en conséquence. Envisagez de prendre des endroits comme des restaurants, des boulangeries, des jardins, des églises, des campings ou des terrasses comme décors possibles ; Alternativement, les salles d'attente, les bordels, les club-houses, les chambres d'hôpital et les chantiers de construction sont également des options appropriées...

Comme nous le savons tous grâce à des films classiques comme « Gossip in the Stairwell » et « The Furnished Gentleman », les couloirs peuvent constituer d'excellents décors. Lorsque vous écrivez votre histoire et que vous souhaitez que vos personnages se déroulent dans un endroit spécifique – comme l'espace ou la lune – n'importe quel décor fera l'affaire. N'oubliez pas que tous les acteurs doivent être visibles dans ce décor !

Comme c'est là que se rassemblent la plupart des personnages, les auteurs choisissent généralement les salons ou les cuisines-salles de séjour comme décors pour leurs histoires. Cela est logique puisque les salons et les cuisines-salons sont les points centraux des appartements ; rendant ainsi leur utilisation comme décors de scène naturelle et réaliste. Les toilettes des maisons unifamiliales semblent encore plus inappropriées comme décors de scène ; pas étonnant que cela n'ait pas encore pris de l'ampleur ! - Cependant, rien ne s'oppose à l'utilisation de grandes toilettes avec plusieurs cabines et lavabos (salles de bain d'hôtel ou de restaurant par exemple) comme décors ; Je n'en ai jamais vu auparavant, mais si cela vous dérange, n'hésitez pas - cela ne me dérange pas du tout si cela vous dérange, alors faites-le-moi savoir !

Êtes-vous fasciné par différentes conceptions de scène ? - Etes-vous intéressé par une scénographie extraordinaire, voire différente pour chaque acte de votre pièce ? D'accord. Alors peut-être un bordel pour l'acte I de votre œuvre, puis un chantier de construction pour l'acte II et un espace pour l'acte III... Je déconseille mais encourage l'expérimentation car cela nécessiterait des bâtisseurs de scène professionnels qui pourraient réaliser ce que vous demandez - quelque chose que les groupes amateurs sont moins capables. de faire par rapport aux constructeurs professionnels - chaque acte comportant trois ensembles uniques nécessitant des équipes de construction distinctes - alors qu'est-ce que cela vous apporterait ? - Et il est plus que probable que des résultats en résulteraient... alors que peuvent tirer les groupes amateurs de plusieurs décors de scène plutôt que d'essayer quelque chose comme ça... ? - Les amateurs évitent les décors complexes comme celui-ci !
Nous devons maintenant nous mettre d'accord sur une scénographie pour votre première œuvre, mais laquelle devons-nous sélectionner ? Une option serait que nous nous concentrions sur une femme, ses enfants et cette petite boutique comme décor. Étant donné qu'elle jouera probablement l'un des rôles principaux, idéalement, ce cadre devrait avoir lieu là où cette personne passe souvent son temps, par exemple là où votre magasin peut être installé, car cela pourrait servir de décor parfait - cependant, veuillez garder les facteurs suivants en compte faites attention avant de faire ceci:
Présenter un magasin entièrement meublé demande un travail considérable pour les groupes ; il y aura probablement de la nourriture et des accessoires nécessaires. Si la femme doit entrer en maison de retraite (on ne sait pas encore si ses enfants pourront le faire), que deviendra ensuite le magasin ? En fonction de l'évolution de la situation, il est probable que l'entreprise rouvrirait sous la forme d'une autre entreprise.
La scénographie demande du temps et des efforts, c'est pourquoi je suggère de placer cette pièce dans la cuisine-salon de cette femme, avec un passage indirect menant directement à un magasin en arrière-plan. Cela a l'air vraiment sympa et permet aux téléspectateurs de l'imaginer même s'ils ne le verront pas directement. Désolé, nous retournons aux cuisines avec salle à manger ; mais cette solution semble ici idéale. Êtes-vous d'accord? Excellent.

Au début de toute pièce, son auteur doit en décrire la scénographie. Non seulement vous devez garder à l'esprit la conception de la scène, mais aussi les salles non visibles du public mais néanmoins significatives pour ce qui se passe ; bien que vous n'ayez pas besoin de les décrire. Chaque décor de scène a besoin d'une entrée et d'une sortie – en l'occurrence une porte. L'endroit où il sera placé dépendra de votre pièce - si cela n'a pas d'importance, écrivez-le simplement dans votre description. Imaginez notre scénographie telle que le grand passage menant au magasin soit placé vers l'arrière - contre son mur du fond - de manière à être à l'abri de toute distraction possible de l'extérieur. Sur sa droite se trouve une porte donnant directement sur l'extérieur ; tandis qu'à sa gauche se trouve une autre qui mène à d'autres pièces. Cuisine, chambre et salle de bain) Comme notre protagoniste ne sera pas toujours présent ni dans le magasin, ni dans la cuisine, ni à l'extérieur de la maison ; la porte de gauche est donc parfaitement logique en tant que porte d'entrée vers d'autres parties de la résidence de notre protagoniste. Ainsi, si nous disposons désormais de trois portes (ou de deux portes et d'un passage), il faut déterminer si une fenêtre est encore nécessaire ou souhaitable. Une fenêtre ajoute toujours un intérêt visuel ; mais si le but de votre pièce n'a aucune signification (personne n'a besoin de regarder à l'intérieur ou à l'extérieur, pas de fuite par la fenêtre, etc.), supprimez-le simplement ou laissez-le à la scénographie.

En fonction de votre taille et de vos possibilités, la scénographie peut être réalisée par vous-même. Si le processus d'écriture ou de création fait naître une idée de quelque chose de ludique avec les fenêtres ou leurs cadres qui fait également partie intégrante de la scénographie, cela est nécessaire ; mais n'obligez pas les scénographes de la compagnie de théâtre à fournir des détails qui n'apportent rien de substantiel ou nécessaire au jeu ; tout simplement parce que cela permet une écriture plus créative ! Considérez cette idée dans votre tête. Ma suggestion ne nécessite pas de fenêtres ; deux portes (droite et gauche) avec passage menant au magasin suffisent.

Maintenant que nous savons que nos objectifs sont clairs, préparons la salle. Veuillez fournir autant de détails que possible, mais laisser suffisamment de marge de manœuvre aux groupes pour créer leurs propres œuvres d'art ; et essayez de ne pas inclure de détails inutiles pour la pièce. En tant que directeur de jeu et constructeur de scène, si vous décrivez un canapé gris cendré comme étant important dans une pièce, j'aimerais savoir pourquoi cette couleur particulière est si importante pour votre pièce. Alors laissez quelque chose comme ça de côté simplement parce que c'est ainsi que vous l'envisagez, même si cela n'a absolument aucune pertinence. Dès que votre pièce est publiée et jouée, vous êtes sûr d'en assister à plusieurs productions - chaque production différant également considérablement par les éléments de scénographie. Avant de faire des demandes, assurez-vous de prendre en compte les composants qui soutiennent et renforcent votre pièce dans le cadre de ses besoins en matière de conception scénique. Les meubles doivent correspondre à chaque personnage. Puisque nous avons choisi une dame plus âgée pour notre pièce (appelons-la Lady X pour l'instant), je suppose qu'elle sera l'un des personnages sympathiques de la pièce. À 70 ans, sa situation financière n'est peut-être pas particulièrement bonne, mais elle souhaite peut-être quand même gérer le magasin du coin pour se divertir. Mais si elle est appréciée sur son lieu de travail, alors sa gestion financière sera certainement mieux gérée - ce qui a également un impact sur notre scénographie - ce qui pourrait certainement modifier son apparence différemment dans le salon d'une personne riche antipathique par rapport à celui de Lady X ? - En ce moment, je vois une cuisine-salon propre et confortable qui n'indique ni richesse ni pauvreté. Etes-vous de la même manière ? Cependant, si nous imaginons que les enfants de Queen X lui enlèvent tous ses gains, la forçant à diriger le magasin même dans sa vieillesse malgré ses difficultés financières, alors la situation change complètement et la scénographie peut certainement devenir plus clairsemée.

Dès l'ouverture de la scène, la pauvreté de Notre-Dame devient évidente à travers une scénographie - sans aucun dialogue - qui s'exprime immédiatement sans avoir besoin du dialogue d'aucun de nos acteurs. Malheureusement, cela tourne plutôt au drame car le sujet semble très sérieux et dramatique... Je pensais que nous étions d'accord sur la comédie - et cette deuxième option de scénographie n'était pas tout à fait celle sur laquelle nous étions convenus - j'espère que vous ressentez la même chose.

Imaginez cette pièce meublée et décrivez-la dans votre pièce. Les salons-cuisines contiennent généralement des sièges, comme un banc d'angle ou simplement une table et des chaises ; étant donné que notre dame a déjà 70 ans, un fauteuil peut avoir plus de sens ; MAIS : N'hésitez pas à jouer et à utiliser les accessoires et les meubles de manière créative !

S'il y a une sculpture chinoise dans votre œuvre, sa présence doit avoir un sens en termes de contexte. Si un lecteur CD ou un téléviseur figure parmi vos critères de description, ceux-ci devraient également apporter une contribution raisonnable.

À un moment donné, les efforts d'un créateur de scène nécessiteront l'utilisation de dispositifs pour le ballast et l'effort. Lorsque cela apparaît dans une scène d'acteur, notez que cette photo lui appartient si elle apparaît. Si un acteur en utilise un dans une scène d'action sur un mur adjacent, notez-le également ! Si cette photographie encadrée devait faire partie d'une autre scène, notez également cet endroit comme preuve que cette photo particulière en provient.

Pour commencer, les images doivent être accrochées dès le début dans le cadre de votre jeu. Toutefois, si une image ne fait pas partie du jeu, ne vous sentez pas limité en l'accrochant directement sur un mur ; De jolis petits objets que vous pourriez trouver dans votre cuisine pourraient tout aussi bien fonctionner ; la plupart des constructeurs de scènes ont de toute façon tendance à incorporer de telles décorations.

Scénographie (calendriers, fleurs, décoration de table et d'armoires, etc.) Ai-je été clair ? Non? Permettez-moi d'illustrer ce que pourrait impliquer la scénographie de cette pièce :

Scénographie:

Cette scénographie représente la cuisine-salon de Mme... (Lady X). À l'arrière, une ouverture donne accès à leur épicerie - visible de tous les sièges - présentant les différents emballages alimentaires et boissons qui y sont disponibles, des enseignes publicitaires dudit magasin ainsi que des enseignes publicitaires faisant la promotion de ladite épicerie. Un rideau fait de perles de bois ou de bandes de peluche empêche quiconque de voir à travers, à moins que quelqu'un ne passe à travers. Il y a une porte donnant sur l'extérieur, à droite et à gauche.

L'espace de vie de Lady X est meublé confortablement et simplement, comprenant un canapé, deux fauteuils (ou banquette d'angle), une table, une armoire et un téléphone ; il y a aussi des prises téléphoniques et des lecteurs CD à proximité ainsi que trois photographies sur les murs représentant son mari décédé, leur fils et elle-même (voir figure de droite).

Belle-fille et petit-enfant) avec quelques romans exposés sur une étagère ouverte fixée au mur.

Si vous avez besoin de plusieurs décors pour d'autres pièces que vous écrivez, détaillez chaque scène individuellement : Acte 1 : - Acte 2 : etc. Satisfait? - D'accord, en réfléchissant à la scénographie, j'ai réalisé que j'utiliserais le téléphone à un moment donné ; la musique pourrait également ajouter de la profondeur. Pour que Lady X lise ; les images sur vos murs symbolisent la chaleur familiale qui pourrait aussi avoir un sens dans cette pièce ; ici, j'ai déjà réfléchi à nos personnages qui figureront dans les prochains chapitres de notre pièce !

De nombreux auteurs, dont moi-même, aiment utiliser la phrase populaire suivante à la fin des descriptions de scènes : "Tous les autres équipements sont laissés au groupe de jeu". Cela permet aux scénographes une certaine liberté tout en attendant que les troupes de théâtre mettent sur scène des choses qui semblent appropriées sur la base du jeu et du dialogue. La plupart des troupes de théâtre amateurs accordent beaucoup de soin et de réflexion à leurs créations ; malheureusement, tout le monde ne parvient pas à cet exploit !

Ce que nous avons appris maintenant, c'est simplement de décrire les exigences définies pour cette pièce.

Cependant, les mêmes principes s'appliquent à chaque scénographie dont vous avez besoin : décrivez-la en détail tout en laissant un peu d'espace libre sur scène. Une fois que les décors commencent à monter et à prendre forme devant vous, votre cœur peut gonfler ; seulement pour voir plus tard quelque chose qui ne va pas en regardant en arrière les photos prises sur ces décors ; cela arrive trop souvent !

Les troupes de théâtre amateurs, même si vous définissez minutieusement leur scénographie, oublient parfois certaines pièces essentielles, même après avoir pris des mesures pour inclure dans leur scénographie tout ce qui est nécessaire à leur réussite. Lorsqu'il s'agit d'accessoires qui ne doivent être utilisés qu'une seule fois par acte, comme ceux nécessaires avant chaque scène au début de chaque acte. Parfois, cela signifie les manquer complètement ! Lorsque cela se produit, ils ne doivent pas être inclus dans le décor global, mais avant chaque scène.

À ce stade, la conception de la scène devrait être terminée. Vous avez acquis une compréhension suffisante des décors qui peuvent et doivent être demandés à divers groupes en tant que décors, et de ceux qui doivent être complètement évités.

En supposant que nous ayons déjà décrit une idée et un décor, passons à l'un des chapitres les plus cruciaux : les personnages ou les protagonistes. Une décision clé sera de savoir combien de personnes inclure ; dois-je inclure uniquement mon nombre idéal, ou dois-je également considérer ma capacité et considérer d'autres éléments qui entrent en jeu dans le cadre de leur processus de décision ? Fait : Votre pièce peut inclure 20 acteurs ou plus sans enfreindre aucune règle ; les spectacles mis en scène et projetés dans des théâtres en plein air mettent souvent en vedette 30 à 50 acteurs à la fois, en particulier les productions historiques qui en utilisent généralement encore plus. J'adore regarder des choses comme ça. Il y a aussi beaucoup d'espace à l'extérieur ; une grande scène en plein air pourrait facilement accueillir 50 artistes si nécessaire, mais pour notre propos ici, concentrons-nous sur de petits espaces ou des scènes qui pourraient également accueillir de grands artistes. Les troupes de théâtre amateur n'ont généralement besoin que d'un certain nombre d'acteurs actifs ; le nombre dépend entièrement de vos idées et de votre intrigue – parfois douze peuvent suffire ; d'autres fois, seulement quatre sont nécessaires. Lors des premières de mes pièces, les metteurs en scène demandent souvent plus d'acteurs. Notre groupe est composé de 15 membres actifs; ce serait merveilleux si tous les 15 pouvaient participer. » Pendant ce temps, quand je suis dans une autre ville, j'entends souvent : « Oh, s'il vous plaît, écrivez plus de pièces avec moins de joueurs à l'avenir ; notre groupe ne comprend que 6 personnes et tout le monde ne veut pas jouer un rôle".

"Eh bien, comme il est difficile de plaire à chaque scène, voici ma recommandation : Pour 7 à 8 personnes par pièce pour garantir la facilité et l'accessibilité sur la plupart des scènes. Cependant, vous pouvez essayer d'en écrire une avec 6, 10 ou 13 personnes comme alternative. ; mais d'une manière générale, 7-8 est optimal."

Chaque personnage nécessite un nom. Vous pouvez donner à chacun d'eux sa propre identité distinctive ; évitez cependant d'utiliser des noms de personnalités connues, car il semblerait idiot que vos protagonistes portent des noms tels que Helmut Kohl, Heidi Kabel ou Veronica Ferres - cela pourrait même provoquer des conflits. Mais même si les noms de vos personnages ne sont pas « célèbres », assurez-vous qu'ils soient appropriés. S'il existe une entreprise importante telle qu'Apple, cela pourrait apparaître, par exemple. Si A. est dirigé par Hans et Beate Hansen, Ludger Memmen ou Detlef Meyer comme partenaires mariés, il serait alors prudent de ne pas les mentionner directement dans votre article. Il y a des gens qui s'intéressent peu au théâtre, mais entendre ou lire leur nom dans une œuvre inconnue pourrait causer un préjudice émotionnel à leur personnalité. Si cette malheureuse coïncidence implique deux personnes réelles issues d'une grande entreprise ou d'un contexte similaire ; personne ne devrait vous en vouloir !

Mes personnages tirent souvent leurs noms d'un ancien annuaire téléphonique. Il existe désormais également des options de CD-ROM. Lorsque je crée mes histoires, je mélange parfois les noms et prénoms de manière créative ; vous décidez de la meilleure façon d'aborder ce défi.
Parlons de la nomination de nos personnages et du casting de notre pièce. Au départ, Queen X joue un rôle important. Quel prénom lui conviendrait le mieux ? - Peut-être que Leni Kramer de son nom d'origine Helene suffirait, ou que diriez-vous de Gerda Krupp ou Johanna Muchal ou Gesine Peters qui conviendraient mieux selon vos goûts personnels ? Une autre considération lors de la sélection d'un nom approprié est de prendre en compte leur âge - par exemple, la reine X devrait avoir entre 17 et 18 ans.
Il y a au moins 70 ans, personne n'aurait accouché. Autre exemple : si votre pièce implique un pasteur, leurs enfants pourraient porter des noms comme Simon, John, Mary ou Esther - ces subtilités peuvent être apprises rapidement - croyez-moi ! Parfois, un nom peut aider à définir qui est un personnage ; cela peut dépendre de vos préférences personnelles ; pour une jeune femme sympathique, je préfère Silvia, Helga ou Heidi comme noms à considérer. J'ai tendance à associer des noms tels que Katharina, Elisabeth ou Gertrud à des personnages sujets aux conflits sur scène. Ainsi, lorsque je lis leurs noms, j'ai tendance à considérer ces femmes comme les responsables. Au lieu de cela, je préfère appeler les figures masculines qui semblent quelque peu gênantes Joachim Focko Gerd Heinrich ou Kunibert. Sven, Jorg, Andre ou Sebastian ne semblent pas être des noms appropriés pour de tels personnages ; tu n'es pas d'accord ? Mais comme pour tout, cela pourrait n'être qu'une opinion personnelle. *Si des lecteurs s'identifient comme Elisabeth ou Gertrud et se considèrent comme des personnes adorables, veuillez pardonner mon commentaire qui est une généralisation insultante.

Au fait, je suppose que notre dame X est d'origine allemande - d'où son nom allemand Helene Kramer (connue par Leni).
Qui d'autre devrait jouer dans notre pièce ? Le fils et la belle-fille de Leni ? C'était dans mon esprit en décrivant la scénographie (photos sur les murs). Si cela vous revient, tant mieux. Étant donné que Leni avait déjà été mariée, leurs noms de famille changeraient probablement ; peut-être Rudolf et Ina Pleiss ? Pourquoi le ferions-nous ? Étant donné que nous sommes d'accord sur le fait que Leni était veuve, cela semble tout à fait approprié à l'histoire. Jusqu'à présent, nous avons trois chiffres ; Leni, son fils et sa femme. Si Leni s'est mariée entre 20 et 30 ans, cela nous donne des versions

de chacun entre 40 et 50 ans. Est-ce qu'ils ont tous les deux des enfants ? Serait-il acceptable que nous assumions le rôle de trouver et d'embaucher une personne qui entretient une relation exceptionnelle avec sa grand-mère et qui pourrait jouer un rôle à part entière dans nos relations de groupe ? Daniel Pleiss fonctionnerait-il ? Bien. Avec une telle tranche d'âge, il y aurait toujours de la place pour la croissance parmi les groupes – pour toutes les personnes impliquées.

Personnages de la pièce. Veuillez ne demander des informations spécifiques sur l'âge que si cela est vraiment nécessaire ; par exemple, je pourrais donner un exemple tel que : "Le 75ème anniversaire". Idéalement, cependant, un acteur se présenterait d'abord comme étant âgé de 74 ans avant de incarner ce personnage sur scène. Notre article est centré sur la prise de conscience par Leni de l'âge de la retraite, et cela reviendra probablement dans son dialogue. Par conséquent, son âge devrait refléter la réalité avec plus de précision que celui des autres personnages. Donc pour notre Leni, ce nombre s'élève à 70 ! Les troupes de théâtre doivent désormais présenter une actrice âgée de 70 ans pour ce rôle, mais les maquilleurs sont capables de transformer des jeunes de 20 ans en vieilles femmes grâce au maquillage. Rendre quelqu'un plus jeune demande plus d'efforts ; Si discuter d'un âge exact devient pertinent dans le dialogue ou si son importance est directement demandée, assurez-vous d'énoncer ce fait avec précision dans le dialogue ou dans d'autres formes de discussion.

Passons maintenant à nos chiffres. Nous en sommes maintenant quatre : Leni, Rudolf, Ina et Daniel - vous souvenez-vous de notre idée de base ? Imaginez à nouveau cette scène avec Leni dans son magasin et ce qui pourrait arriver. Un conflit existe déjà dans notre idée de base - au cas où cela vous viendrait à l'esprit... voici un rappel : une femme de 70 ans qui tient un dépanneur devrait être envoyée dans une maison de retraite assistée par ses enfants."

À la base, cette histoire peut être divisée en « bons » et « méchants ». C'est une bonne chose, sinon il n'y aurait pas de conflit, ce qui rendrait tout jeu banal et ennuyeux. Nous avons toujours besoin de personnages qui soutiennent le côté de Leni (par exemple sa mère ou son père). Les personnages avec lesquels Leni peut discuter de sa situation sont importants : vers qui pourrait-elle se tourner, des amis du même âge avec qui elle pourrait discuter des projets d'avenir de ses enfants, peut-être aussi un veuf... Hhm... Cela pourrait s'avérer assez intéressant. ! Choisissons-en deux : Helga Willms et Trude Lehmann ne sont que deux noms que j'ai trouvés - maintenant nous avons déjà six chiffres ; est-ce suffisant ? Personnellement, je préférerais deux supplémentaires juste pour plus de complexité – faites-moi part de vos réflexions ci-dessous dans la section commentaires ci-dessous ! Je pense que oui

Votre fils a présenté Leni à une personne qui pourrait potentiellement se rapprocher, devenir sérieusement amoureux de Leni ou simplement servir d'intermédiaire dans son complot contre Leni ? De plus, qu'en est-il des jeunes femmes comme prétendantes possibles ? - Daniel pourrait rencontrer cette jeune femme par amitié ou par intérêt romantique ; mais et si Daniel, le fils de Leni, avait aussi un jeune amant ? Tout est possible et j'ai l'intention de créer les deux personnages ; appelons monsieur Karl-Heinz Ahrens et la demoiselle Gabi Meyer ! À ce stade, je pense que nous avons complété notre liste de personnages. Bien que des individus supplémentaires puissent être nécessaires ou que des personnages existants soient éliminés ; cela dépendra de la façon dont la pièce évoluera. Rassemblons notre liste complète, qui devrait apparaître à la page 4 de votre manuscrit et pourrait ressembler à ceci : Joueurs : 5 femmes/3 personnages masculins

Hélène Kramer (appelée Leni) - veuve (70 ans). Rudolf Pleiss - le fils de Rudolf issu de son premier mariage (40-50 ans). Ina Pleiss était l'épouse de Rudolf issue de son deuxième mariage (environ 40 à 50 ans). Daniel Pleiss (les deux fils - 20-25 ans). De plus, Helga Willms, l'amie proche de Leni, avait environ 60 ans. Trude Lehmann a également joué un rôle essentiel. Karl-Heinz Arens fut présent tout au long de cette période (70 ans).
Gabi Meyer (20-25 ans).

Comme notre pièce nécessite cinq acteurs féminins et trois acteurs masculins, cette combinaison devrait s'avérer polyvalente pour être utilisée sur de nombreuses scènes. Karl-Heinz et Gabi restent des rôles ouverts - leur relation avec Leni se développe encore au moment où nous écrivons. Lors de la sélection des amis de Leni, j'ai opté pour plusieurs âges car de nombreuses scènes ne présentent pas trois joueurs qui ont déjà tous déjà 70 ans ensemble - en plus de proposer un dialogue humoristique entre des personnages qui ont tous des perspectives distinctes en raison de la disparité d'âge. Caractère et apparence Description des personnages

Maintenant que les protagonistes ont été choisis, vous pouvez prendre le temps de décrire chaque personnage sur la page suivante. Bien que certains auteurs fassent cette étape explicitement, je préfère que le dialogue me mène directement au développement du personnage – sinon mon article ne fonctionnerait probablement pas aussi bien. Les personnages n'existent que dans votre tête. Les conflits ajoutés tôt créent différents types de personnes avec des traits de caractère distincts ; de même, les descriptions de vêtements doivent décrire qui apparaît. Les vêtements dépendent aussi du caractère. S'il est plus judicieux pour vous de visualiser vos personnages à la page 5, n'hésitez pas à le faire. Sur cette même page, sous leurs noms, veuillez inscrire l'heure de lecture, le lieu et éventuellement la durée de la pièce - les éditeurs et les groupes apprécient énormément ce geste ! Cela pourrait ressembler à ceci :

Heure de jeu et lieu de cette pièce : L'été à Blumberg (petit village quelque part en Allemagne).
Temps de jeu : env. 100 minutes sans pause
Le temps de jeu de votre morceau dépend entièrement de vous ; certaines œuvres se sont également développées autour de fêtes spécifiques comme Noël, Pâques ou la Pentecôte ; celui-ci détermine alors automatiquement sa saison. Bien sûr, si votre pièce s'étend sur plusieurs saisons, les saisons changent également en conséquence. Par exemple : si l'acte 1 de sa pièce commence en février ; la naissance de l'enfant a lieu lors de l'acte 2, qui a lieu en août ou en septembre ; Cette information est essentielle, car les acteurs porteront probablement des vêtements différents respectivement en hiver et en août, et vous pouvez ajouter davantage de dialogue basé sur le climat dans le dialogue. Je préférerais que notre pièce se déroule exclusivement en été ; Je ne connais pas encore la durée, mais pas plus de 4 à 6 semaines devraient suffire – ou un été peut suffire.
Cadre : Mon inspiration pour cette pièce avec sa charmante petite épicerie vient d'images de petits villages, à la fois urbains et ruraux.
L'endroit où se déroule votre pièce n'a pas vraiment d'importance ; tout ce qui compte, c'est que son public reconnaisse rapidement que ce petit village et la ville la plus proche ne sont distants que de quelques kilomètres. Je préfère créer des noms de lieux fictifs ; les lieux réels font rarement leur apparition dans mon travail. Certains groupes aiment même adapter l'action au lieu où se déroule réellement leur performance si nécessaire ; Cela ne me dérange pas; notre salle à Blumberg ressemble de toute façon à un village !

La durée de lecture dépend de la longueur des pages. Par exemple, choisir la police Times New Roman de taille 12 et le format de page DIN A5 produirait quelque chose comme l'exemple de dialogue de la page 61 de ce livre - cependant, je recommande d'insérer des paragraphes entre les dialogues pour un impact supplémentaire. Avec ce format, 90 pages de texte équivalent à environ 90 minutes de lecture pure ; Astuce : une pièce idéale ne doit pas dépasser 120 minutes sans pauses – 90 est l'idéal.
Les 100 minutes indiquées dans la description sont sans engagement et ne servent qu'à titre d'exemple.
Ce qui devrait être inclus sur les premières pages est un aperçu de votre contenu, mais cela n'est peut-être pas encore possible car nous ne savons pas encore tout ; du moins

pas moi ! Mais si vous le savez, je vous félicite et vous encourage à tout écrire immédiatement.

CHAPITRE SEPT : DÉBUT

Les programmes de traitement de texte nous donnent le pouvoir d'ajouter et de supprimer du texte à volonté et de modifier la mise en page à tout moment, tout comme le font les éditeurs avant d'imprimer votre manuscrit. Je suggère de configurer les pages de votre article au moins maintenant ; certains éditeurs utilisent le format DIN A4, tandis que d'autres préfèrent le format DIN A5. En fin de compte, c'est à vous de décider quel format convient initialement à votre pièce - vous pourrez toujours changer de format plus tard !
En supposant que vous souhaitiez un changement, configurez les pages au format DIN A5, en commençant à la page 5. Sur cette page, vous commencez à écrire le premier acte ; les pages de couverture 2 à 4 contiennent les titres/auteurs/contenus/acteurs et les détails de la conception de la scène ; tout ce qui est vraiment nécessaire pour créer des pages est un tabulateur avec les noms des personnages sur le bord gauche et des dialogues tabulés pour qu'il soit plus facile à apprendre pour les acteurs - comme ceci :

Béatrice : Paula, change de perspective : tu es célibataire et tu as besoin d'un soutien quelconque - à 55 ans, cela signifie vivre uniquement avec un seul revenu...

Paula : Merci de m'avoir rappelé ma vie extraordinaire !

Béatrice : Pourquoi prendre des vacances, alors que tout cela ne servira qu'à vous offrir un répit temporaire à Mersebourg et que vous n'avez aucun talent pour choisir les cadeaux de Noël ?

Paula : Attends ! Les enfants de ma sœur Gertrud attendent chaque année avec impatience les cadeaux de tante Paula ; soit trois d'entre eux âgés de 12, 15 et 21 ans - je sais quelles sont les exigences des jeunes en matière de cadeaux (mange encore). (Paula doit faire une pause)

Béatrice : Cette année, les cadeaux de Noël seront peut-être plus petits.

Paula : Oui, exactement 50 % plus petit. - Vous vous souciez de ce qu'ils nous font ici ?! Pourquoi te comportes-tu toujours de cette façon - PIANO ?

Béatrice : Parce que cela ne sert à rien d'être en colère contre des choses sur lesquelles nous, en tant que citoyens moyens, ne pouvons pas influencer. Par exemple, l'économie allemande est confrontée à une concurrence féroce, tandis que d'autres pays européens peuvent produire du chocolat de manière plus rentable – c'est ainsi que les choses fonctionnent.
Paula : Bonjour... Puis-je avoir votre point de vue sur cette réunion de tous les salariés de l'entreprise... ? Paule :

Avez-vous complété cette étape ? Super. Choisissez maintenant une police de caractères facilement lisible ; Times New Roman et Arial sont des options populaires. Si tout cela pose des problèmes et que vous êtes nouveau dans WORD ou que vous avez besoin d'instructions supplémentaires de ma part, je ne peux vous offrir que des conseils de base ; mon livre ne fournirait pas d'explications approfondies sur la façon d'utiliser un programme de traitement de texte comme Word. Par conséquent, la meilleure option peut être de demander à une personne expérimentée de vous enseigner les bases ou de suivre un cours sur WORD.

À la page 5, vous écrivez « AGIR EN PREMIER ». Les actes en 3 actes sont extrêmement populaires parmi les troupes de théâtre, et je préfère écrire moi-même des pièces sous cette forme. Le nombre d'actes dépend fortement de la fréquence ou du fait que votre travail nécessite du temps. sauter ; puisque ce sera probablement votre premier effort, il serait probablement plus logique de commencer par un film à 3 acteurs. Viennent d'abord les descriptions de la façon dont la première scène lorsque le rideau s'ouvre : les personnages entrent-ils ou n'y a-t-il personne ? pourtant et nous n'entendons que du bruit ? Dans "Bienvenue chez Andre", écrit avec Christoph Bredau, tout ressemble à ceci :

Le premier acte. (Lorsque le rideau s'ouvre, André et Frank sont assis autour d'une table en train de lire un numéro d'un quotidien en ayant l'air légèrement abattus. Il y a un téléphone portable sur la table, nous sommes mardi après-midi avec des objets éparpillés comme des vêtements, des journaux, des bouteilles vides. et colis alimentaires).
N'exagérez pas, mais imaginez deux personnes habillées de manière négligente (T-shirts ou chemises ouvertes sans boutons, jeans craquelés et baskets usées, vieilles baskets). Ils ne semblent pas très bien rangés. Ils semblent avoir des chaussures mixtes. Ils ne semblent pas non plus très bien rangés les uns avec les autres - pas tout à fait bien rangés mais pas sales non plus - lorsqu'ils se dirigent l'un vers l'autre d'une "manière mal élevée").

Vous devez donc donner des détails sur les personnes présentes, ce qu'elles font et quels accessoires peuvent encore être nécessaires dans une scène. Lorsque décrire les vêtements des acteurs ainsi que l'humeur/le comportement/l'heure de la journée peut contribuer à créer l'impression que le spectateur a de tout ce qu'il voit en même temps : le décor entier plus la première scène - informez-le immédiatement sans avoir besoin du dialogue des acteurs eux-mêmes !

Que penserais-je si je décrivais le début de « Bienvenue chez André » comme je le faisais auparavant en seulement 10 à 20 secondes en tant que spectateur ?

Je peux imaginer deux hommes, ni l'un ni l'autre très bien habillés, lisant ensemble des journaux assis à une table tout en paraissant ennuyés et assis là à les lire tous les deux en ayant l'air plutôt ennuyé - une compréhension instantanée pour tout spectateur ! Cette scène devrait être claire pour tout le monde, n'est-ce pas ?

Dès que votre public commence à réfléchir, votre pièce entame son premier dialogue. Pas besoin de longues préfaces et introductions ; partir directement de cette situation initiale. En tant que spectateur, je peux déjà dire que quelque chose ne va pas entre les deux personnages ; leurs interactions semblent difficiles, laissant un membre du public connaître quelque chose de cette scène encore muette. - Un autre exemple pourrait être :

Au début de l'acte 1 (jeudi saint vers 16h30), il n'y aura aucun joueur sur scène à l'ouverture du rideau ; à la place, il n'y a que des fleurs aux pétales fanés posées sur des tabourets de fleurs et des rebords de fenêtres, ainsi que des téléviseurs recouverts de draps ou de tissus et éventuellement d'autres objets recouverts de tissus.)

Ici, la situation initiale est plus inhabituelle. Aucun joueur sur scène. Fleurs fanées et meubles recouverts sont tous présents ; que doit penser le spectateur de tout cela ? Y a-t-il des gens qui se cachent ici ? Cela ressemble certainement à cela...

Personne n'y est allé depuis un moment - on ne sait pas si l'appartement est vide ou si ses habitants sont en voyage - mais le public apprendra vite dans la première scène et les dialogues qui suivent. Un fait non révélé dans le texte : c'est le Jeudi Saint ; cependant, cela devient vite connu grâce au dialogue qui s'ensuit. - Troisième exemple :

Harald est assis à son bureau, tapant sur le clavier de son ordinateur ; Lena aspire la poussière devant lui ; Harald semble agacé par ce bruit tandis que Lena semble affligée par tout cela et essuie constamment ses larmes - tout cela un samedi matin ordinaire !

Au lever du rideau, nous trouvons sur scène deux comédiens pleins d'entrain ; un homme et une femme. Bien qu'on ne sache pas encore si ces deux-là sont mariés ou partenaires de vie ; néanmoins, nous voyons des preuves de conflit sans que des mots soient échangés - avec lui agacé par le bruit de son aspirateur ; elle semble très affligée par tout cela. Aucun accessoire supplémentaire (sauf peut-être ce même aspirateur) ne semble nécessaire ici - en fait, la conception de la scène reste inchangée, tout comme décrit précédemment.

Une fois que vous avez décrit le début du jeu, commencez immédiatement le dialogue dans la première scène de l'acte 1. Certains auteurs qui tentent leur premier roman font l'erreur d'écrire de longs dialogues comme introduction d'ouverture ; cela peut être fastidieux et gênant. Au lieu de cela, passez directement à l'action dès la scène 1, sans préambules inutiles, car les relations et les conflits devraient apparaître naturellement pendant le jeu.

En tant que membre du public, je vois souvent des réalisateurs sortir devant le rideau et nous accueillir avant d'expliquer et de décrire la pièce - parfois dans les moindres détails et en incluant une éventuelle punchline. Dans ces moments-là, je pouvais monter sur scène et tuer immédiatement cette personne ; il faut d'abord que quelqu'un m'explique tout !

Même si j'ai envie de regarder en ce moment, le contenu doit être si mal écrit ou cette personne si incompétente qu'elle nécessite cette exigence.

Il fait cela parce qu'il suppose que son public manque d'intelligence pour apprécier la comédie. Une troisième possibilité pourrait être qu'une telle quantité de texte ait été supprimée qu'une explication soit nécessaire ; Cependant, en tant que spectateur, je dois comprendre tous les éléments sans avoir besoin des annonces et des explications d'un officiel.

Alors, à quoi pourrait ressembler la scène d'ouverture de votre pièce ? Maintenant que nous avons compris son concept central, plusieurs choix s'offrent à vous pour déclencher l'action de l'histoire. Considérez ces possibilités : 1. Aucun joueur sur scène mais on entend Leni dire au revoir à un client avant d'entrer dans le salon immédiatement après. 2. Leni et ses enfants sont assis autour d'une table. 3. Leni présente Daniel, son petit-fils, dans le salon.

4. Leni est dans son magasin lorsque son fils et sa belle-fille entrent, discutant de son avenir parallèlement à celui du magasin de Leni et du sien.

Il existe donc différentes manières de lancer l'action, mais en fin de compte, le choix vous appartient. Le conflit est le fondement de toutes les pièces de comédie, donc lorsqu'on en met une en place, il doit apparaître dans les cinq minutes ou se développer rapidement dans le premier acte - ce qui en fait une pièce passionnante et divertissante ! Dans notre cas, cela signifiait fournir des mises à jour rapides sur ce que faisaient les enfants de Leni assez rapidement.

De temps en temps, je reçois des manuscrits de jeunes écrivains qui recherchent mon opinion honnête avant de la proposer aux éditeurs. Bien que les pièces dramaturgiquement correctes soient une question de goût subjectif, je peux toujours fournir aux nouveaux auteurs des conseils honnêtes concernant toute erreur grave dans leurs manuscrits ou leur absence. Lors de la lecture d'une œuvre, deux ou trois acteurs ont une conversation agréable dans laquelle toutes les parties impliquées hochent simplement la tête ou sont d'accord sans désaccord et le spectateur commence à se demander ce qui se passe, ce n'est certainement pas une bonne écriture ; quelque chose doit arriver ou cela doit au moins les laisser penser de cette façon !

Sur scène, rien d'intéressant ne doit se produire sans conflit ! Rappelez-vous cette phrase :

"Aucun conflit n'est approprié !!!!". Voici donc comment notre pièce pourrait commencer dans sa première scène :

Rudolf et Ina restent silencieux dans la pièce lorsque le rideau s'ouvre ; les deux semblent incertains et incertains. On peut entendre Leni faire ses adieux à l'un de leurs clients par derrière).

Si nous choisissons cette voie, le public sera immédiatement immergé dans la première scène du drame. Même si vous vous attendez peut-être déjà à ce que Rudolf et Ina veuillent rencontrer Leni, changeons les choses : que pensez-vous plutôt de ceci :

(Lorsque le rideau s'ouvre, aucun joueur n'est présent sur scène. Leni s'avance alors par derrière avec une caisse, s'assoit à une table et commence à compter l'argent ; peu après, Daniel entre par la droite.)

Nous en apprenons maintenant davantage sur Leni et sa boutique, rencontrons Daniel et pouvons permettre au conflit d'émerger plus tard - la rapidité avec laquelle le public rencontre ce conflit dépend de vous ; ce qui compte, c'est que cela se produise.

Une pièce de théâtre comprend généralement plusieurs actes. Dans le premier acte, nous créons un conflit tout en fournissant au public des informations sur les personnages ; au cours du deuxième acte, nous développons davantage les éléments de l'intrigue et atteignons des points culminants ; enfin, dans l'acte trois, nous clarifions le conflit et y mettons un terme - en satisfaisant la plupart des personnages tout en offrant une expérience visuelle agréable aux téléspectateurs.

Chaque pièce de notre pièce présente non seulement une intrigue principale mais peut également contenir des intrigues secondaires. Leni et sa boutique constituent notre intrigue principale ; des intrigues secondaires supplémentaires pourraient impliquer que Rudolf soit attiré par Daniel ou vice versa ou éventuellement que Leni ait des problèmes conjugaux.

Avant d'écrire votre premier acte, je tiens à souligner une erreur que je constate souvent dans les manuscrits envoyés par de jeunes écrivains : ils commettent souvent l'erreur de rompre trop tôt les couples amoureux ou tout simplement de ne pas donner suffisamment de développement aux personnages en général. En aucun cas cela ne doit se produire :

Les actes durent généralement de 25 à 35 minutes (si votre pièce de trois ou quatre actes est suffisamment longue) sans aucun décalage temporel ; donc si la scène de la table du petit-déjeuner commence à 8h00 et se termine à 8h30, alors cet acte s'est terminé à 8h30. Commencez le deuxième acte vers 15h00 et devrait se terminer vers 15h30. Cela devrait rendre le temps réel pendant votre acte de jeu ; cependant, si des décalages temporels se produisent inévitablement (par exemple en raison du fait que les acteurs entrent et sortent à des moments différents), des solutions intelligentes doivent être trouvées (par exemple en introduisant plusieurs actes et différentes scènes simultanément). Passez du soir au matin en utilisant de la musique et des effets de lumière pour que le spectateur soit conscient de ces décalages horaires. De préférence, cela devrait se produire pendant une pause appropriée sans aucun acteur présent sur scène ; mais en général, il serait plus sage de ne pas le faire. Entre les actes, le temps peut être joué comme bon vous semble – cela peut inclure des minutes, des heures, des jours, des semaines, des mois et des années ! Ne changez pas l'heure d'un seul coup ! J'ai lu des manuscrits et vu des pièces de théâtre où le premier acte commence au petit-déjeuner et se termine 25 minutes plus tard lorsque le personnage principal se rend dans une discothèque qui ouvre ses portes à 8 heures du matin ! Et pourtant, le dialogue indique généralement qu'il était tard dans la soirée – comment suis-je censé comprendre ce scénario en tant que spectateur ? Ne faites pas ce genre d'erreur !

Pendant que vous écrivez, gardez chaque personnage au premier plan de votre esprit pendant que vous écrivez. Où est-elle en ce moment – quelles sont ses intentions ? Cela empêchera Leni d'entrer dans la chambre puis d'en ressortir plus tard en tant qu'étrangère ; elle a dû entrer par d'autres moyens si tel était le cas et qu'il n'y avait pas de rime ou de raison donnée dans la pièce pour une telle action ; sinon le spectateur pourrait devenir confus et déconcerté. - Cette même technique fonctionne également lors de l'écriture de fiction flash.

La durée d'absence fait référence à la durée des absences des acteurs ; par exemple, lorsque les personnages effectuent des achats importants, ils doivent prévoir suffisamment de temps et permettre au public de suivre du mieux qu'il peut. Gardez un œil sur les moindres détails qui pourraient vous échapper ; les spectateurs ont des yeux très vifs qui remarquent tout et peuvent tout remarquer très facilement ; Ainsi, lorsqu'un acteur quitte la salle pour faire du shopping, il ne peut pas revenir en deux minutes avec des sacs pleins. Pensez au temps dont VOUS avez besoin pour faire vos achats ; donnez à cet acteur suffisamment de temps à l'écran dans votre pièce ou laissez-le réapparaître si nécessaire.

Lorsque vous écrivez le premier acte, n'oubliez pas que chaque ligne prononcée par vos personnages doit véhiculer un sens. Demandez-vous pourquoi un acteur dit quelque chose. Vous ne savez pas exactement ce que cet acteur veut dire par là ? Regarder:

Anne : (après réflexion) Que pensez-vous de notre nouveau service à thé ? Florian : Mère et père l'ont acheté pour commémorer les 20 ans de mariage de la sœur de la mère ; au moins six tasses ont été achetées directement par la mère elle-même chez Purple Flowers Tea Party Shoppe (Burwood Road). Anne :

Florian : Quelque chose de beau sur le mur durera toute une vie, répondit Anne avec dédain. Quel genre de motif était prévu ? Une femme nue pour sa chambre peut-être ? Florian aimerait peut-être quelque chose de similaire (souriant)

Anne : Oui, bien sûr – oublions ça vite – le cadeau idéal doit être quelque chose d'inattendu qui ne plaira pas simplement à Père. Florian : Pourquoi les cadeaux pour les noces d'argent des parents doivent-ils être distinctifs et bizarres ? Anne : Eh bien, parce que nous sommes des enfants, cela ne devrait sûrement pas être trop difficile ?

Florian : Qu'en penses-tu... - Maman se plaint depuis des semaines de la façon dont ses casseroles continuent de brûler. Anne : C'est un cadeau de mariage inacceptable de la part d'enfants ! Ils ne donnent pas d'appareils électroménagers ni de casseroles.

Florian : Bien sûr. Mieux vaut quelque chose de pratique que quelque chose qu'ils n'utiliseront pas que quelque chose d'inutile comme une forme de bibelots ou de jouets inutiles qu'ils n'utiliseront plus jamais. Anne : Non merci, cela ne suffirait jamais ! Si mon mari m'offrait quelque chose de pratique comme un cuiseur à œufs ou un grille-pain le jour de notre mariage, je ne l'épouserais pas non plus !

Comme on peut le voir clairement, un couple de frères et sœurs discute d'un cadeau approprié pour leurs parents à l'occasion de leurs noces d'argent, mais aucun des deux n'est d'accord sur une solution idéale : l'un des fils préfère les considérations pratiques tandis que l'autre souhaite la romance et veut que ce soit bien fait. Grâce au dialogue, nous en apprenons beaucoup sur les deux personnages – chaque phrase ayant un sens en soi, donnant un aperçu de qui a dit quoi et quand !

Réduire les détails inutiles simplement parce que votre scène devrait être plus longue est la clé ; garder le cap en restant concentré ; avec le temps, vous maîtriserez cela, mais au début, continuez à demander « Pourquoi le personnage X dit-il ou réagit-il de cette façon ? » et "Pourquoi le personnage Y a-t-il répondu comme ça ?" comme invites.
Pour faire suite à ma suggestion précédente, permettez-moi de suggérer comment notre comédie pourrait commencer dès sa scène initiale :
1. Leni : (entrant par l'arrière du magasin avec sa caisse et son livre, elle se dirige directement vers une table et s'assoit. Une fois là-bas, elle commence à compter l'argent et à écrire des chiffres dans son livre avant de se sentir dépassée et d'arrêter complètement de compter.). Ses vêtements semblent normaux et quotidiens).
2. Scène 2 Daniel (il entre par la droite, en tenue de sport estivale et frappe peu avant. Leni est contente de voir son petit-fils) Daniel ! Mon garçon! Daniel : (monte et embrasse Leni sur la joue), puis demande comment les affaires se sont déroulées aujourd'hui avant de faire un compliment sur les ventes, tout le monde est-il satisfait ?
Leni : Quant à mes besoins, ils sont toujours satisfaits et ne m'appellent plus tante Emma.
Daniel : Grand-mère Leni, je peux avoir un autre paquet de cigarettes s'il te plaît ? C'est Leni : Fumer trop souvent...
Daniel : (l'interrompt) Fumer nuit à la santé, vieillit la peau, peut réduire l'impuissance et pue... - Grand-mère, arrêter de fumer n'est pas si simple... Leni : Ton grand-père ressentait exactement la même chose à l'époque ; il ne pouvait pas non plus s'empêcher de fumer et c'était à seulement 73 ans !
Daniel : Grand-mère, j'ai besoin de ton aide. Votre grand-père a eu un accident. mes Leni : (un peu triste) Oui. N'en parlons pas; aidez-vous simplement. Daniel (lui caresse brièvement l'épaule, avant de partir aider son partenaire du magasin à l'arrière) Leni (le regarde brièvement avant de continuer son travail de comptabilité)
Troisième scène

Ina et Rudolf entrent en vêtements d'été. Rudolf salue brièvement Ina tandis qu'Ina fait une entrée directe et affirmée : Bonsoir belle-mère ! Rudolf répond rapidement : Mère.

Leni : (légèrement surprise) Aïe, et toi ? J'étais encore en train de faire la facturation quotidienne quand tu es arrivé ici ! Qu'est-ce que je peux t'offrir, un thé ?

Ina : [avec détermination et fermeté] Belle-mère, s'il te plaît, reviens t'asseoir car il se passe quelque chose entre nous dont nous devons discuter. Leni se rassit, hésitante, incertaine de ce qui se passe ni de la raison pour laquelle Ina a un visage si sérieux. Ina a continué à dire ce qu'elle pensait avec détermination : Tu as l'air très sérieuse aujourd'hui Ina ! Le ton d'Ina était clair lorsqu'elle entra en se levant lentement après s'être finalement rassise : Oui ? Alors, quoi de neuf aujourd'hui Ina ? Mais tu as l'air si sérieux ! Alors qu'est-ce qui rend Ina si sérieuse ? Et alors, que se passe-t-il avec son expression sérieuse ? Elle a l'air assez sérieuse pour Leni alors qu'elle se rassied lentement, incertaine, incertaine, se rassied lentement : Oui ? Alors de quoi on parle aujourd'hui Ina ? Ina a visiblement l'air si intense. Leni, incertaine, se rassied lentement : Oui ? Alors que se passe-t-il ici aujourd'hui, Ina ? Leni se rassied lentement : Oui ? Alors, que se passe-t-il ici aujourd'hui, Ina ?

Leni se rassied lentement : Oh ? Alors que se passe-t-il aujourd'hui avec votre expression ? Dans un

Rudolf : Mère, cela fait des semaines que nous voulions te parler, mais nous avons continué à le reporter. Ina : Mais maintenant, il est trop tard ; nous ne pouvons plus attendre. Leni : Cela semble dramatique. Ai-je fait quelque chose de mal? 4ème scène.

Daniel : (revenant de l'arrière du magasin pendant la dernière phrase d'Ina ; tenant un paquet de cigarettes et regardant autour de lui) Oh - réunion de famille ?

Ina : Qu'est-ce que tu fais ici ? Je pense que tu dois être à l'entraînement de football.

Daniel : Annulé (préfigure le mal). Ton regard me dit que quelque chose ne va pas ici... Il semblerait que tu n'es pas là pour prendre un café, Rudolf. Daniel : Ce n'est pas vrai ; pas question, pas comme ça ! Leni : À qui parlent-ils maintenant ?

Rudolf : Combien de temps allons-nous porter ça avec nous ? Daniel : Papa. Léni : Waouh. Alors c'est ça; êtes-vous en train de me dire que je dois fermer mon atelier et déménager dans une communauté de retraite assistée ! - Et bien maintenant, la vérité a été révélée.

Dès que la pièce commence ainsi, le conflit est inévitable en quelques minutes. Vous avez déjà fourni de nombreux aperçus du personnage de Leni – veuve ; bonnes relations avec le petit-fils; vouloir interrompre la comptabilité pour offrir quelque chose aux enfants ; Daniel est au courant des projets de leurs parents – mais semble désapprouver ; le gendre et la belle-fille semblent durs envers Leni ; ils n'aiment pas tous les deux sa présence - le tout dans trois pages de texte !

Cependant, nous pourrions également attendre qu'Ina et Rudolf apparaissent en premier. Peut-être préférez-vous que Daniel dise à sa grand-mère ce que ses parents préparaient, ou il se peut même que la petite amie de Leni ait vu qu'Ina et Rudolf avaient prévu pour Leni et qu'elle soit donc la première personne à entrer en scène - tout est possible ici - prenez ce que vous aimez ou trouvez votre propre point de départ unique ; votre pièce vous appartient !

Allons de l'avant avec ma suggestion : que pourrait impliquer la pièce ensuite ? C'est maintenant votre opportunité ! Comment Leni réagit-elle et que fait-elle ensuite ? Daniel pourrait offrir son aide à Leni à ce stade ; combien de temps cette conversation dure-t-elle ? qui part et qui entre dans la scène suivante ?

Que vont devenir Leni et sa boutique ? Ce doit être le thème qui unifie toute votre comédie – jusqu'à sa conclusion. Laissez libre cours à votre imagination pendant que vous écrivez tous les scénarios possibles. Voici quelques conseils utiles :

Évitez d'écrire des dialogues de plus de 10 minutes qui consistent simplement en un dialogue interminable sans points forts ni points faibles, car cela devient vite ennuyeux pour le spectateur. Quelque chose devrait toujours se produire ; créer des tensions. Remplissez un acte de votre comédie avec au moins 8 scènes ; plus peut parfois fonctionner mieux. N'essayez pas de faire rire les spectateurs avec des expressions grossières dans les dialogues - la comédie doit provenir uniquement du dialogue, du texte et de la comédie situationnelle, sans utiliser de mots cochons pour encourager les téléspectateurs à "taper les cuisses".

En vous interrogeant sur ce qui constitue le véritable humour, vous vous demanderez peut-être : qu'est-ce que je regarde exactement d'amusant et dont le public rit ? La première règle de la comédie est la suivante : le public en sait plus que n'importe quel acteur sur scène sur ce qui se passe !!

Un travail dramaturgiquement correct doit commencer par une compréhension simultanée de la tension et de la comédie. Vous savez ce que je veux dire?

Imaginez que quelqu'un se cache dans une pièce mais que les autres personnes présentes ne le remarquent pas ; alors qu'un membre du public le sait. Tout cela crée à la fois de la tension et de la comédie.

"Ceux qui creusent une fosse pour les autres y tomberont eux-mêmes." Quiconque connaît cette expression la connaît bien - tendre des pièges aux autres pour les attirer dans un seul peut les y entraîner eux-mêmes - que cela prenne la forme d'un poison empoisonné. boissons, aliments modifiés, pièges à rats ou encore lettres ou conversations téléphoniques etc...

À première vue, cela semble hilarant tant pour le spectateur que pour le personnage. En tout cas, ce type de scénario fonctionne généralement bien dans les comédies : le spectateur rit lorsqu'un personnage complètement différent, voire celui qui tend lui-même le piège, tombe dans le piège, ce qui crée une grande ironie comique. Les erreurs d'identité ont également tendance à être bien acceptées : les objets et les personnes peuvent facilement être confondus !
Avoir une maison, un rendez-vous et diverses autres nécessités.

Les malentendus dans les conversations peuvent aussi être hilarants : lorsque le personnage A mentionne son navire Antje, le personnage B peut supposer qu'il parle de sa femme du même nom - les comédies inversées délicieusement drôles sont toujours les bienvenues ! Tendance - à partir de 2008 :
Comment ça se passe ? Un homme agit comme une femme ou vice versa pour des raisons inconnues. Quels facteurs pourraient expliquer de tels comportements ?
Par exemple : Manière d'agir comme des prostituées ? Des hommes faisant du strip-tease. Et les femmes peuvent même devenir maçons !
Ou une femme chancelière (malheureusement, cela existe déjà). Ce ne sont là que quelques suggestions, dont beaucoup ont déjà été incluses dans mes pièces ; il y en a encore plus ! Faire ces choses intelligemment et correctement ne fera que conduire à des résultats provoquant le rire dans les pièces de comédie.
Créez quelque chose qui n'existe pas dans la vraie vie.
Sur scène, cela peut donner lieu à un visionnage très amusant :
Un représentant propose des produits qui n'étaient pas disponibles autrefois - des préparations pour permanentes qui durent des mois ; produits pour la croissance des cheveux ayant des effets de croissance extrêmement rapides ; protège-slips pour hommes; des chocolats qui augmentent rapidement l'intelligence, etc. - qui n'étaient auparavant pas disponibles à l'achat - mais malheureusement ceux-ci ont de nombreux effets secondaires et cela pourrait vite tourner au désastre ! Ma performance intitulée "Nous ne l'avons pas - Cela n'existe pas" s'est concentrée spécifiquement sur ce thème. Ou prenez l'innovation médicale. Un chimiste amateur crée un sérum pour éliminer complètement les odeurs de sueur, rendant à nouveau cette merveilleuse invention obsolète et inutile l'odeur de la sueur - mais il a besoin de volontaires pour tester cela et ses hormones hautement concentrées modifieront les gens. ("Le professeur fou"). Tous ces sujets peuvent paraître ridicules, mais ils ont une énorme influence sur la société dans son ensemble.
Les personnages drôles des comédies sont toujours très efficaces. Par « personnage drôle », je veux dire cela.

Ces personnages se démarquent souvent de leurs camarades de diverses manières, qu'il s'agisse de défauts ou autres. Les exemples pourraient inclure des éléments tels que des erreurs de langue (ne pas parler l'allemand ou un dialecte) ; des individus maladroits ou moins instruits ; acteurs de couleur ; ceux habillés différemment et d'autres choses. De tels personnages ajoutent du caractère et deviennent souvent rapidement les favoris du public. De plus, ces « personnages drôles » n'ont pas besoin de jouer un rôle majeur pour ajouter de l'humour ; même les intrigues mineures dans les intrigues secondaires peuvent s'avérer tout aussi divertissantes !

*Personnellement, je ne suis pas favorable à l'inclusion de personnages ayant des troubles de la parole dans la pièce. Vos personnages doivent tous être uniques ; sinon, d'où proviendront les drames et les conflits ?
La langue et l'expression sont une question extrêmement sensible. Regardez n'importe quel film des années 70 avec Theo Lingen ou Roy Black ; n'était-ce pas amusant ? Mais sérieusement, êtes-vous aussi enthousiasmé par leurs intrigues et leurs dialogues que lors de leur première sortie (si vous avez moins de 30 ans, vous ne les connaîtrez pas de toute façon ; louez-les dans votre vidéoclub et jugez). Je ne trouve que rarement ces films drôles maintenant car ce qui est montré n'est souvent pas très "drôle". Le temps a certainement tout changé.
De nos jours, lorsque nous regardons un film en soirée à la télévision, nous avons tendance à voir plus de peau exposée que dans les films des années 1970. Non seulement que; Les films contemporains doivent certainement refléter ce changement dans la mesure où cela se produit verbalement – pensez à « Sex and the city », qui contient au moins 50 mots à caractère sexuel qui ne font partie de mon vocabulaire quotidien ni du vôtre !
Qu'est-ce qui distingue le divertissement des séries télévisées ou des films comme les pièces de théâtre télévisuelles des pièces de théâtre en termes d'utilisation du langage et de liberté visuelle ?

Personne ne peut non plus vous donner une réponse exacte ici ; le théâtre sur scène est toujours en direct ! Votre prochaine question pourrait être de savoir ce qui peut et ne peut pas être montré ou dit sur scène ; Je fais ici spécifiquement référence à ce qui a été écrit comme scénario et qui doit ensuite être reproduit par les acteurs sur scène.
Eh bien, le théâtre est un vaste domaine. Les acteurs apparaissent torse nu dans certaines pièces, exprimant tout ce qu'ils peuvent. Je me spécialise principalement dans les productions de théâtre populaire dirigées par des troupes amateurs.

Aucun acteur amateur que je connais n'apparaîtrait dans une pièce folklorique amateur vêtu uniquement de sous-vêtements noirs ; et, en tant que membre du public, ce ne serait pas non plus quelque chose qui m'intéresserait. En plus, ça semble bizarre.

L'amour et le sexe sont des sujets récurrents dans le théâtre populaire, c'est pourquoi j'aime avoir en tête des images de ce qui pourrait se passer à côté. Par exemple, une scène vide à côté de laquelle se trouve une porte ouverte avec des voix masculines des deux sexes ; quelque temps plus tard, quand quelqu'un entre sur scène en slip légèrement en sueur mais satisfait, chacun peut créer sa propre version de ce qui s'est passé là-bas au lieu de voir quelque chose de réel se produire et être montré en direct sur scène. Je trouve cela beaucoup plus engageant.

Comme j'en ai discuté au cours du débat, ma réflexion à ce sujet était similaire. Même si les acteurs amateurs d'aujourd'hui peuvent utiliser des mots tels que « coup », « clochard » et « putain », il n'y a rien de mal en soi à écrire votre pièce de cette façon si cela semble nécessaire ; cependant, la plupart des acteurs utilisent une terminologie différente lorsqu'ils se produisent devant un public.

Je n'utilise pas du tout ces mots dans mes pièces ! Ce sujet a déjà suscité des conversations animées, certaines personnes remettant en question ma prononciation trop formelle dans les dialogues de mes pièces. Mais voici mon explication :

"Cognant, etc." ne fait pas partie de mon langage quotidien. En tant que spectateur d'un théâtre regardant un spectacle de comédie, je veux être complètement impliqué par ce qui se passe ; vivre avec les acteurs; Je crée également des images dans mon esprit de choses qui se passent hors scène selon ce qu'ils me racontent - quand quelqu'un veut faire du shopping ou prendre une douche ; par exemple; cela se produit instantanément dans mon esprit !

Au début, cela peut paraître surprenant mais le dialogue parlé a sur moi le même effet ; quand un acteur me dit qu'il a tué un chat ou que quelqu'un rapporte avoir braqué une banque, j'imagine ces images. La lecture de romans crée des effets similaires lorsque votre esprit visualise des personnages, des lieux, des objets et des événements d'un roman dans votre imagination.

Si l'une des actrices sur scène disait : "Oh, j'aimerais le faire sans complexe avec mon patron à la table de la cuisine", j'aurais immédiatement une image en tête et je rirais aux éclats de leurs paroles. Cependant, que se passerait-il si à la place ils disaient : « Oh, je veux baiser mon patron » ?

En tant que spectateur, je serais choqué. Les moments de choc peuvent avoir un impact puissant dans de nombreuses pièces ; cependant, ils n'apparaîtront jamais dans mes œuvres car les spectateurs préfèrent s'amuser et créer leurs propres images dans leur tête plutôt que d'être choqués par quelqu'un sur scène à travers le dialogue.

C'est mon point de vue à ce sujet ; cependant, si la vôtre diffère, aucune loi n'existe pour vous arrêter.

Question de limite de jeu ? J'ai écrit des comédies mettant en scène des femmes profondément attirées par les hommes et au contenu très épicé ; leurs acteurs peuvent se déshabiller dans le cadre de leur rôle ; même moi, je peux me déshabiller jusqu'à mes sous-vêtements si nécessaire ! Mais peut-être que les scènes suivantes pourraient plutôt se dérouler dans une autre pièce à proximité ?

Si vous allez plus loin et utilisez un langage extrêmement grossier, votre public aura l'impression d'assister à une véritable représentation de théâtre de diffamation.

Votre comédie doit répondre à une certaine norme et à un certain niveau. Trouvez un niveau d'érotisme approprié et laissez-le se déployer naturellement - ne bombardez pas votre public d'insultes verbales ; cette tactique est inutile et inutile.

À la fin de chaque acte, rendez-le si excitant que le public ait hâte de voir comment votre comédie se déroulera ensuite. À la fin de chaque acte, assurez-vous que l'intrigue atteint de nouveaux points culminants.

Lorsque vous écrivez, pensez toujours à votre lecteur lorsque vous examinez les informations nécessaires aux personnages sur scène. Et ne négligez pas les instructions de jeu dans les dialogues – qui doivent apparaître entre parenthèses ; ces instructions seront précieuses pour les acteurs !

Gerda :

Correct! Où était Manni ? Il devrait avoir fini de traire maintenant - il est presque 20 heures (va à la porte dérobée et appelle son nom :) Manni !!! (revient, étale du pain et du beurre sur une assiette, complète le tout avec du fromage, etc.)

Arno : (lit le magazine avec intérêt) Et ça veut dire qu'on n'aura plus besoin de faire le ménage nous-mêmes ?

Heinrich : Oh non ! Tout semble avoir disparu dans le canal.

Arno : Jetez simplement un œil à l'espace qu'occupent les vaches.

Heinrich : Oui ! Ils s'y sentiront à l'aise et produiront ainsi un meilleur lait. Gerda : Pourquoi plus d'espace permettrait-il de produire du lait de meilleure qualité ?

Heinrich : Gerda, combien de fois vous êtes-vous plaint d'un inconfort lorsque vous portez votre ancienne ceinture ?

Gerda : Bonjour ma belle !!!

Arno : (riant) Pour faciliter la compréhension, j'ai écrit ici mes instructions de jeu en italique pour faciliter l'apprentissage de l'acteur sur scène auprès de vous, l'auteur. Ils doivent apprendre non seulement quelles seront leurs lignes, mais aussi les exigences gestuelles telles que quand sortir ou entrer, etc. N'omettez pas complètement les instructions de jeu, mais veillez à ne pas exagérer votre exécution non plus !

Revenons à mon idée de départ : la comédie avec Leni, sa boutique et les enfants qui veulent les déporter dans une maison de retraite. Si cette idée vous séduit et que vous aimeriez que vous écriviez à ce sujet, laissez libre cours à votre imagination pour ce qui pourrait arriver !
N'hésitez pas à m'envoyer vos premières tentatives d'écriture ; Je vais examiner et répondre honnêtement. Sur mon site Internet www.Theater-Schmidt.de, vous trouverez mes coordonnées sous Mentions légales.

Après avoir visionné de nombreuses pièces classiques (notamment celles d'écrivaines), les spectateurs savent déjà, dès le premier conflit entre une jeune femme et un homme, qu'"à la fin, ils s'entendront !" Pourquoi les auteurs font-ils cela ? Parce que le public aime voir une fin « heureuse pour toujours » à la fin, ou parce que l'auteur veut en créer un ? Je l'ai fait moi-même dans de nombreuses pièces parce que je sais grâce aux pièces précédentes ce qui va suivre - mais pas dans toutes mes pièces récentes !
Mon écriture s'en éloigne quelque peu ; tout ne doit pas nécessairement bien se terminer - ce qui peut même être irréaliste - alors ne pensez pas au départ que deux jeunes personnages qui au départ ne s'aiment pas, mais qui se retrouvent à la fin d'une pièce, puissent finir ensemble en tombant dans les bras l'un de l'autre à la fin d'une pièce. conclusion. Même si cela peut arriver, écrivez simplement votre histoire ; "la paix, la joie et les crêpes" n'existent pas toujours dans la vraie vie !

Ne vous méprenez pas ; les téléspectateurs aimeraient idéalement repartir avec la plupart des incohérences de la pièce résolues ou au moins avoir une idée de ce qui pourrait se développer après sa conclusion, tandis que tout conflit devrait être clarifié ; même si cela implique de parvenir à un accord avec toutes les parties concernées ; mais trouvez une résolution satisfaisante qui laisse un public satisfait. Vous souvenez-vous de ma comédie "Praxis Dr. Freeseman ?"
Harald Freesemann a passé des années à écrire des livres qui, faute d'intérêt des éditeurs, restent inédits. Sa femme Lena doit donc joindre les deux bouts en tant que femme de ménage jusqu'au jour où un nouveau locataire emménage à l'étage au-dessus d'eux et a également besoin de ses services en tant que femme de ménage. Gisela rapporte que Gisela a trouvé un individu qu'elle qualifie de « plombier cérébral ». Par coïncidence, son nom de famille est Freesemann – quelque chose que Lena et Harald trouvent troublant puisqu'ils anticipent désormais des perturbations de la part de ses patients. Le Dr Horst Freesemann insisterait normalement pour qu'ils dépassent le premier étage s'ils voulaient qu'il soit soigné, mais Harald était déjà entré par l'une des portes et se trouve actuellement dans la chambre de Harald. Harald reconnaît son opportunité et commence à soigner cet homme qui a désespérément besoin d'un traitement et met volontiers quelques centaines d'euros sur la table pour l'obtenir. Mais soudain, un véritable psychiatre apparaît, voulant qu'Harald les soigne tous les deux parce qu'ils souffrent tous deux de psychose endogène...

Cette pièce peut se terminer dans le chaos, mais les spectateurs ne repartiront pas insatisfaits : le protagoniste a résolu ses soucis financiers en écrivant un manuscrit sur ce qui s'est passé sur scène à ses côtés.

Harald a été inspiré par sa femme pour écrire cette pièce et la fait publier. Un voisin a découvert qu'Harald soignait des patients alors qu'il n'était pas médecin agréé ; leur indignation fut réduite au silence par un voyage. Malheureusement, aucun des personnages malades mentaux de cette pièce n'est jamais guéri, bien au contraire ; tous les "normaux" finissent par devenir fous aussi !

Dramaturgiquement parlant, tout fonctionne bien : le conflit principal est résolu tandis que de nouveaux peuvent surgir ; par conséquent, la pièce peut se terminer sur une note optimiste, laissant à la fois le spectateur et les personnages satisfaits mais inquiets de ce qui pourrait suivre.

Nous reconnaissons tous cette expérience au cinéma ou à la télévision. Combien de fois avons-nous regardé un film passionnant pour ensuite qu'il se termine brusquement... ?

Les producteurs et les scénaristes utilisent fréquemment cette approche lorsqu'ils racontent une histoire ; ils décrivent son histoire, tentent de résoudre son problème principal tout en ne le concluant qu'indirectement. Bien que des stratégies similaires ne s'appliquent pas au théâtre, les producteurs et les scénaristes utilisent des stratégies similaires lorsqu'ils racontent leur histoire.

Mais si vous préférez donner à votre pièce une fin heureuse, c'est tout à fait acceptable. Je voulais juste vous faire prendre conscience du fait qu'il n'y a pas de règles strictes !

Les éditeurs et les groupes exigent que vous présentiez le contenu de votre pièce sur les premières pages de votre manuscrit, que ce soit avant le début de l'écriture, à mi-chemin ou après avoir terminé un acte. Les éditeurs ne modifient généralement pas cet élément de la présentation d'une pièce - les troupes de théâtre utilisent fréquemment cette description de leur pièce pour des publicités dans des dépliants, des brochures de programmes et dans la presse. Veuillez rendre votre contenu attrayant, mais pas plus d'une page DIN A5 ! Souhaitez-vous quelques exemples de ce à quoi cela pourrait ressembler ? - voici un peu d'aide :

Alida Neumann ne trouve plus aucun sens à son mariage avec Ingo et veut y mettre fin en prenant des somnifères. En raison des mauvaises actions d'Ingo et de l'achat d'une maison trop important, leurs problèmes financiers sont devenus incontrôlables et ils doivent désormais ensemble plus de 300 000 euros. Alida soupçonne Ingo d'avoir une liaison car il a récemment reçu de nombreuses lettres et appels de femmes. Pour se protéger financièrement d'éventuels procès découlant de ces relations, Ingo a demandé à Alida d'obtenir auprès de ses assureurs-vie quatre polices d'assurance-vie d'une valeur de 150 000 euros chacune. Alida pense qu'elle devrait être assassinée par Ingo et recourt donc au suicide alors que son plan échoue ; mais Ingo propose quelque chose de très différent : faire de la publicité dans divers journaux pour des modèles photo qui pourraient venir chez lui et les inviter en personne. Alida et Ingo espèrent partir à l'étranger après avoir créé une image d'Alida aussi fidèle que possible - du moins en termes de taille et de poids. Ingo prévoit de droguer Alida avant de la conduire sur une pente raide avec elle dans la voiture de sa femme afin de réclamer des polices d'assurance-vie en cas d'accident ; plus tard, ils envisagent de collecter ensemble l'argent de l'assurance grâce à de faux accidents. - Ingo a trouvé sa victime idéale en la personne de Gabi Koch. Cependant, Ingo tombe rapidement amoureux de Gabi et change de plan en voulant plutôt mettre Alida dans leur voiture. Peu de temps avant son meurtre planifié, Gabi découvre par l'intermédiaire d'Alida qu'Ingo avait l'intention de la faire assassiner et est choquée par cette nouvelle. Peu de temps après, Alida et Gabi s'apprécient autant qu'elles découvrent l'amour l'une pour l'autre avant d'élaborer un plan pour éliminer Ingo avec du cola empoisonné qui se fait accidentellement boire par Sven (l'ami d'Ingo) au lieu de tuer Ingo elle-même... Avec Else Krautwurst qui se présente. ... Le corps doit trouver rapidement un endroit où s'enterrer.

Lorsque vous lisez un morceau, ne révélez pas sa fin avant que la toute dernière phrase n'ait été lue à haute voix ; cela suscitera l'intérêt des directeurs de jeux, rendant la pièce plus susceptible d'être imprimée sans que les lecteurs n'en aient vu la fin avant de l'imprimer eux-mêmes. Considérez également cette suggestion :

Anna Thalmann est mère d'une fille de 18 ans et vit avec un mari qui travaille la semaine et gagne un « bon salaire », ainsi que deux « meilleurs amis » avec qui elle passe du temps un ou deux jours par semaine.

Elle partage des heures de potins et confie ses affaires les plus intimes à un oiseau chargé de garder un œil sur eux deux. Son appartement de location est grand et bien meublé, alors qu'elle n'a jamais connu de maladie grave ; tout indique que je suis une femme exceptionnelle. Ses luttes quotidiennes la font se sentir inutile et abandonnée par sa famille dans son rôle de mère et d'épouse attentionnée. Erwin a une attitude malsaine envers sa femme ; Lorsqu'il est à la maison le week-end, il préfère regarder des matchs de football ou assister à son match de patinage plutôt que de passer du temps avec elle. Anna a commencé à intérioriser sa frustration en se livrant à une alimentation excessive, ce qui lui a valu un surpoids de 20 kilos. Mais maintenant, Anna veut changer quelque chose ! Elle commande du matériel de fitness dans un magasin de télévision, assiste à des séances de gymnastique en groupe et reçoit des conseils de maquillage de Sonja, tout en espérant raviver la flamme de son mariage avec facilité et rapidité. Cependant, leur plan reste complexe et compliqué. Un jour, lorsque la machine à laver d'Anna tombe en panne, Mustafa Yldiz arrive pour la réparer et est immédiatement fasciné par Anna. Il l'invite pour une soirée "turque" inoubliable ! Anna succombera-t-elle à ses charmes ou prendra-t-elle elle-même le contrôle de sa vie ?

Ici aussi, nous découvrons du contenu et des conflits sans être au courant de leur résolution. De même, vos pièces devraient emboîter le pas.

Comme chaque pièce nécessite un titre, en nommer un peut parfois être difficile. Un titre idéal doit révéler quelque chose sur le spectacle tout en étant captivant pour les membres du public lors de la lecture des affiches et des livrets du programme. Les titres peuvent consister en un seul mot, être une question ou contenir des phrases entières ; Cependant, je déconseille généralement les titres longs et préfère les versions plus vagues comme les suivantes à titre d'exemple :

Rita et Ulfert Brauer, des personnes extrêmement riches, ont récemment quitté la ville pour s'installer à la campagne avec leur fils Heiner. Vos voisins.

Le couple Diekmann, Heiko (ouvrier) et Gesine (femme au foyer), mènent une existence « simple » malgré des conditions de vie difficiles ; bien qu'ils doivent faire des sacrifices ici et là pour survivre ; tout en restant en bonne santé et satisfait de la vie.

Rita (esthéticienne) et Ulfert (rédacteur en chef) font sentir quotidiennement leur présence auprès de leurs voisins comme une preuve de leur supériorité. Une dispute s'ensuit entre les familles lorsque Marion Diekmann rentre d'Alabama. En tant que fille au pair en Allemagne depuis un an, elle a choqué tout le monde à son retour - au début au grand dam de tous - en présentant Jonny, un étudiant en médecine africain ! C'en était trop pour le couple Brauer. Les deux familles tentent désormais de se compliquer la vie l'une l'autre par le biais d'intrigues et d'attaques malveillantes, conduisant à des règlements judiciaires ; Finalement, une haute clôture a été installée entre leurs propriétés pour les séparer davantage. Lorsque Gesine attaque à nouveau Ulfert, Ulfert est victime d'une crise cardiaque, mais Jonny seul peut lui sauver la vie...

Au niveau du contenu, l'intrigue de l'histoire est assez claire. En son cœur se trouvent deux familles très différentes et nous voyons leurs différences tant sur le plan du caractère que sur le plan financier. C'est exactement ce que j'ai tenté de décrire dans mon titre – vous trouverez donc tout ici.
Pour les téléspectateurs, deux contrastes très frappants sont mis en évidence ici par mon titre ; ce qui peut être grossièrement traduit par : "Mettwurst Pain et Caviar". Aucun acteur ne mangera directement l'un ou l'autre de ces aliments ; cette distinction entre eux n'existe qu'à travers leurs titres.
Menno et Mathilde Gruben reviennent de 4 semaines de vacances en Egypte avec leurs deux enfants Henning et Anette qui attendent avec impatience les célébrations de Pâques ; mais constatent qu'à leur retour une pile de rappels des sociétés de services publics est arrivée dans leur boîte aux lettres et l'appel à la banque confirme un compte à découvert de 30 000 euros ; une réservation incorrecte peut avoir contribué à cette erreur, c'est pourquoi les employés de la banque sont impatients de résoudre le problème dès leur retour de vacances.

Dans cette pièce, une famille est mise au défi de vivre de manière autonome pendant une semaine sans même le vouloir. Alors quel pourrait être le titre de cette pièce ? "Robinson Crusoé vous envoie ses salutations". Cela correspond, n'est-ce pas ?!
Et un dernier exemple :
Contenu : Nico et Silvia Schroder célèbrent leur premier anniversaire de mariage. Nico est ravi que sa femme ne l'ait pas quitté, même s'il est au chômage depuis un an et que Silvia doit gagner de l'argent pour eux deux. Nico lit dans son quotidien une offre d'emploi attrayante d'une entreprise de café, postule rapidement par téléphone et est rapidement accepté pour un emploi. Mais au lieu de recevoir les échantillons de café promis, des magazines érotiques arrivent à l'improviste chez lui quelques jours plus tard, laissant Nico perplexe quant à la manière d'expliquer cet écart. Silvia est furieuse

contre Nico ; elle pense qu'il a besoin d'un remplaçant en raison de sa grossesse. Les choses ne font qu'empirer à mesure que sa belle-mère emménage également, ayant de sérieux problèmes avec lui. Nico pense que tout est résolu jusqu'à l'arrivée d'ERO ; alors tout redevient flou.

Ce titre combine les initiales des deux sociétés impliquées dans cette pièce – une oasis romantique exclusive et le café Timann – en un seul mot pour former « ERO-TI-KA ». Puisque le sexe est au cœur de cette comédie, ce titre prend tout son sens.
Ingo Sax a écrit une pièce extrêmement intelligente sur une jeune femme souffrant de mutisme, incapable de communiquer ou d'établir un contact. Appelée "Amanita", son actrice principale Celia est devenue célèbre grâce à ce rôle dans cette production à quatre d'Ingo Sax - alors jetez-y un œil et vous comprendrez bientôt pourquoi l'auteur a choisi ce nom ! Merci à Ingo Sax pour son incroyable exploit !

Ne réfléchissez pas trop au choix d'un titre ; "L'Auberge de l'Ancre d'Or", "Jubilaum", "L'Étoile de Padoue" et "Les Frères Smuggling", parmi de nombreuses autres pièces populaires et souvent primées, ont des titres qui font simplement référence à l'endroit où un événement a eu lieu ou décrivent Qu'est-ce qui l'a motivé - c'est parfaitement acceptable !
Mais certaines œuvres scéniques ont aussi des titres ennuyeux. Une pièce que je connais simplement appelée « Théâtre » laisse peu de place à l'imagination ou à la créativité lorsqu'on considère sa dramaturgie ou son contenu.
Une fois votre œuvre terminée, ou lors de sa rédaction, déterminer son nom peut venir naturellement ; mais j'aimerais conclure la discussion autour de la sélection des titres en décrivant quelques options qui s'offrent à nous lorsque nous en envisageons un pour votre pièce.
Imaginez ceci : parfois, lorsque je parle avec des amis, des mots ou des phrases aléatoires ressortent qui feraient d'excellents titres pour des poèmes ou des romans.

Considère ceci. Lorsque nous lisons ou écoutons des titres comme ceux-ci, quelque chose d'entièrement nouveau émerge. Nous ne commençons plus par formuler une idée et une intrigue avant d'attribuer un titre plus tard (comme la plupart des pièces progressent) ; nous commençons maintenant par avoir le titre lui-même - puis créons notre histoire autour de cette idée à partir de là ! Quand je vois ces titres, je pense immédiatement à 100 choses qu'ils pourraient éventuellement couvrir – n'est-ce pas vous aussi ?

N'hésitez pas à essayer cette variante également, mais évitez simplement d'utiliser les titres que j'ai écrits ici car je prévois de les intégrer dans mes écrits au cours des prochains mois.

Lors de l'écriture, il faut considérer tous les résultats possibles de ses efforts d'écriture. Un romancier écrit son livre pour des lecteurs qui peuvent l'acheter dans les librairies - les éditeurs et les imprimeurs sont également impliqués ici ; pour les pièces de théâtre et les pièces destinées à être jouées, les troupes de théâtre les joueraient probablement et leur manuscrit ne serait jamais acheté nulle part, ni lu très facilement de toute façon - ces facteurs doivent tous être pris en considération lorsque l'on écrit sa pièce ou son roman.

Une fois que votre pièce est terminée et que vous êtes fier de la présenter pour publication, soumettez-la à un ou plusieurs éditeurs pour examen. Je suggère de commencer par en choisir un seul qui semble approprié ; même si les révisions peuvent prendre un certain temps, elles incluront généralement des suggestions pour réviser certaines parties de votre article ou une critique de certaines scènes de celui-ci par les éditeurs ; Finalement, les éditeurs renvoient les manuscrits dès qu'ils sont disponibles.

Votre demande n'a pas été prise en compte - merci beaucoup". Malheureusement, des lettres de refus comme celle-ci ne fournissent pas de détails sur les raisons pour lesquelles une telle chose n'est plus une option pour eux. Ne perdez pas espoir tout de suite si cela se produit ; prenez cœur ! La répudiation des éditeurs de théâtre ne signifie pas que votre travail est terrible. Prenez votre temps pour le relire attentivement tout en vous plaçant en tant que spectateur regardant sur scène, et faites l'expérience directe de ce que vous vivez en tant que membre du public en le lisant et en faisant l'expérience ; tout son impact avant de le réviser en profondeur avant de le proposer à nouveau à d'autres éditeurs de théâtre. Mais je veux aussi être tout à fait franc : si votre travail est rejeté sans aucune explication ni commentaire de la part d'un éditeur, cela doit signifier qu'il était vraiment mauvais - car chaque éditeur. prend beaucoup de peine à expliquer ce qu'ils n'aiment pas alors que dans l'ensemble, cela semble bon. Les critiques des éditeurs rendent la révision et l'édition beaucoup plus simples, donc s'ils disent que ce n'est pas nécessaire, acceptez simplement leur réponse et continuez avec ce que vous écriviez ; Si quelqu'un dit qu'une révision n'est pas nécessaire, ne demandez pas pourquoi ; l'éditeur sait mieux. Si cela se produit avec plusieurs éditeurs, vous devrez éventuellement accepter le fait que ce que vous avez écrit n'est peut-être pas d'une qualité particulièrement élevée ; peut-être que l'écriture n'est tout simplement pas votre point fort ou qu'elle ne vous convient tout simplement pas en tant que forme d'art. À un moment donné de votre parcours d'écriture, il est important d'être honnête avec vous-même et de reconnaître ce fait. Bien que nous puissions spéculer sur d'autres talents inexplorés qui se situent en dehors de l'écriture elle-même, le point ici n'est pas de cela - plutôt que vous croyez que vous pouvez et voulez essayer !

Qu'il s'agisse d'une comédie, d'un drame, d'une farce, d'un roman policier, d'une pièce en plusieurs actes ou simplement d'un court sketch - c'est à vous de décider d'écrire en allemand standard ou dans un dialecte dialectal - le fait demeure : votre pièce doit d'abord convaincre un éditeur de votre éditeur choisi que votre travail est cohérent, sans erreurs et possède une intrigue « passionnante » ; ne perd pas son fil, est jouable et adapté à eux, tout en leur proposant des scènes si nécessaire.
Votre pièce doit s'adresser à ceux qui la joueront ; sinon, aucun éditeur ne le signerait et il resterait pendant des années sans intérêt de la scène - et c'est la dernière chose que vous voulez !
Supposons que vous recevez un courrier de votre éditeur et que vous constatez que son éditeur a examiné votre article et fourni des commentaires sur les modifications nécessaires. Mais peut-être ont-ils également mentionné ce qui doit être modifié pour que cela corresponde exactement à leur programme tel que vous l'avez envoyé.
Comment réagiriez-vous ? - Je l'imagine : lire les lignes et les critiques d'un éditeur qu'on ne connaît pas bien peut souvent être très direct, provoquant choc, offense et colère. "La pièce est géniale, à quoi pensait-il ?"... Toutes ces phrases pourraient devenir des problèmes pour vous car trouver un éditeur pour un premier roman est souvent un défi.
Arrêtez de penser ainsi et de vous offenser. Un éditeur n'est pas Dieu - il donne seulement son avis - mais vous devez respecter ses connaissances sur son travail et accepter toute critique visant votre article. Soyez raisonnable avec vous-même lorsque vous acceptez des critiques, notamment sur des points précis qui ont été critiqués. Faites ce que l'éditeur vous conseille malgré vos objections - avec le temps, vous reconnaîtrez sa sagesse !
Ma 47ème pièce "Bienvenue chez André", co-écrite avec Christoph Bredau et soumise à deux éditeurs pour examen, a été rejetée car trop risquée. Lorsque nous avons lu leur lettre, nous avons été stupéfaits - le contenu de cet article peut être vu ici :
Andre Lambrecht et Frank Wattenfall ont tous deux tout perdu en bourse et sont actuellement au chômage. Ils louent ensemble un appartement de 2 pièces pour maintenir les coûts à un niveau bas. Malheureusement, aucune possibilité d'emploi ne s'est encore présentée et ils ont déjà réglé le paiement de leur loyer.
Leur logeuse, Elfriede Krause, leur lance un ultimatum d'une semaine pour trouver du travail ou payer un loyer ; sinon elle veut qu'ils sortent. André a une idée inspirée. Ensemble, ils commencent à offrir des services d'accompagnement et d'escorte aux

femmes chez « Bienvenue chez André » ; rapidement accepté par les femmes qui recherchent de la compagnie, des repas ou des massages de leur part ; mais les choses dégénèrent rapidement au-delà de toute attente alors que leur logeuse Elfriede Krause et Tina font tout ce qu'elles peuvent pour mettre fin à cette activité - pourtant l'amour continue entre eux...

Ici, le métier le plus ancien est représenté avec beaucoup d'humour avec ses rôles traditionnels inversés, montrant jusqu'où les gens vont aller pour gagner de l'argent aujourd'hui, tout en montrant simultanément que les femmes sont très disposées à payer de l'argent juste pour passer du temps de qualité avec les hommes. Notre impression est que cela heurte les hommes, comme en témoigne celui qui tombe amoureux d'un client parce qu'il ne supporte plus de recevoir son paiement, qui fait preuve d'un comportement très humain sur scène tout en offrant un grand divertissement dramaturgique. De plus, de nombreuses scènes étaient assez intenses ! Cependant, nous devions « désamorcer » toutes les scènes qui allaient trop loin pour les éditeurs ; et un éditeur a inclus cette version révisée dans son programme. Même si nous avons trouvé décevant que notre article original ne soit pas accepté, les éditeurs lisent parfois uniquement selon leur humeur ! Cela étant dit, il faut s'en occuper.

Supposons que vous receviez une telle lettre d'un éditeur.
Vous retournez donc au travail - pas ennuyé par la lettre de votre éditeur, mais rempli d'énergie et d'optimisme pour créer quelque chose de bien plus grand - peut-être qu'en apportant des changements, vous découvrez que cela s'est considérablement amélioré ; ou peut-être parvenez-vous à reconnaître plus clairement où des erreurs ont été commises auparavant.
Prévoyez deux heures pour la révision ; votre éditeur a lu votre manuscrit et a peut-être signalé des erreurs ; vous ne devez donc le soumettre une deuxième fois que lorsque chaque point de critique a été résolu.

Maintenant, améliorons encore les choses : imaginez recevoir la nouvelle que votre pièce sera publiée pour la première fois - quel sentiment incroyable cela doit être. Au moins, vous avez surmonté un immense obstacle et êtes arrivé jusqu'ici. Est-ce considéré comme un succès ? Absolument – alors donnez-vous la permission d'être fier de ce qui a déjà été accompli ici.
Une fois votre pièce publiée, vous ne pouvez pas faire grand-chose d'autre que de signer un contrat avec un éditeur (j'aborderai les contrats plus en détail au chapitre 12) et espérer qu'il proposera votre œuvre via des catalogues envoyés directement aux

troupes de théâtre chaque année ou via plateformes de publication en ligne comme les sites Web d'éditeurs.

Vient maintenant le prochain défi : atteindre les groupes de théâtre avec votre pièce. Les groupes de jeu commandent souvent des programmes de visionnage auprès des éditeurs ; ne serait-il pas formidable si les directeurs de jeux trouvaient votre travail suffisamment intéressant pour que de nombreux cinémas commandent des programmes de visionnage à votre éditeur ? Malheureusement, je comprends votre frustration ; malheureusement, vous ne saurez pas sur quelles scènes votre pièce a été visionnée ; généralement (selon l'éditeur), ce n'est qu'après avoir sélectionné votre œuvre que vous découvrirez des détails tels que l'emplacement du groupe de représentation et les dates des représentations.

Lorsque votre pièce est interprétée pour la toute première fois, nous appelons cela une représentation inaugurale ou une première ; et souvent, vous, en tant qu'auteur, êtes invité à assister à cet événement historique capital. Et il ne faut pas refuser une telle offre ! Voir vos personnages, votre histoire et votre concept prendre vie sous vos yeux est vraiment excitant ; crois-moi; Je le sais par expérience. Peut-être que le groupe n'exécute pas votre pièce comme prévu, mais quel que soit le résultat, cela ne peut qu'ajouter plus de drame pour toutes les parties impliquées !

Etes-vous aussi excité ? Cependant, si le groupe rapporte que les répétitions ont été agréables et qu'il a aimé mettre en scène la pièce ; les critiques de la presse sont positives et les chiffres d'audience correspondent, alors votre article peut se dérouler comme prévu et considérer cela comme votre succès personnel.

Parcourez n'importe quelle bibliothèque de romans et vous vous rendrez rapidement compte qu'il existe de nombreux éditeurs disponibles ; Malheureusement, les dramaturges n'ont pas autant de choix à leur disposition. Mais il existe des éditeurs de théâtre qui publient nos pièces à des conditions très raisonnables, et certains le font même exceptionnellement bien. Je pense qu'il est essentiel d'établir des relations avec les éditeurs de ces maisons d'édition. Dans un premier temps, il est conseillé de parcourir les éditeurs disponibles en ligne et de déterminer lequel (s) pourrait le mieux adapter votre article. Comme j'écrivais dès le début des pièces en dialecte ainsi que des pièces en bas allemand, Mahnke Verlag à Verden proposait la plus grande sélection de pièces de théâtre en bas allemand (www.Mahnke-Verlag.de). Certaines de mes pièces s'y trouvent encore aujourd'hui !

Mais il existe également des éditeurs spécialisés dans les ouvrages en bas allemand et les pièces en dialecte ; depuis 2008, la plupart de mes œuvres sont publiées par Plausus Theaterverlag à Bonn (www.Plausus.de) en version bas et haut allemand.

Une recherche d'éditeurs sur Internet en révèle plusieurs autres, comme par exemple la maison d'édition Reinehr à Muhltal (www.Reinehr.de), bureau de vente et maison d'édition des dramaturges allemands Norderstedt (vertriebsstelle.de) ou la maison d'édition du théâtre Rieder Wemding (Theaterverlag-Rieder .de) parmi tant d'autres. Cependant, certains éditeurs se spécialisent dans certains domaines comme les pièces de théâtre ou les drames pour enfants, etc.

Je ne peux pas vous dire quel éditeur vous conviendra le mieux ; tout ce que je peux dire, c'est que depuis des années, j'apprécie de travailler en étroite collaboration avec Plausus-Verlag à Bonn et Mahnke-Verlag à Verden.

Mais j'avais aussi eu des expériences négatives.

Que devez-vous prendre en compte et prioriser lors de la création d'une maison d'édition de théâtre ? Au départ, c'était un enfant de huit ans qui menait un litige. Alors, quels sont les facteurs essentiels dans la prise de décisions concernant la propriété d'une maison d'édition théâtrale ?

En tant qu'auteur, il est important de nouer des liens solides avec votre éditeur et les employés de l'éditeur ; aucune troupe de théâtre ne devrait déposer de plainte contre votre éditeur. Votre œuvre est ensuite transférée à l'éditeur, qui doit la proposer équitablement et traiter les troupes de théâtre de manière juste et équitable. Si une troupe de théâtre critique votre éditeur sur la manière dont votre pièce a été publiée, prenez des mesures pour y remédier immédiatement. Si votre travail n'a pas été accepté par étapes depuis plusieurs années en raison de problèmes de qualité ; cependant, si les erreurs proviennent d'eux plutôt que de vous-même, n'hésitez pas à l'exprimer.

Les sites Web des éditeurs en disent long sur leur travail. Bien que destinés principalement aux troupes de théâtre, les auteurs devraient également trouver des pages de théâtre facilement compréhensibles à parcourir avec plaisir.

Veuillez prendre votre temps pour parcourir les sites Web ; seule la page principale peut souvent révéler beaucoup de choses sur son éditeur.

Si je trouve choquante la première page d'une maison d'édition avec uniquement des règles de performance, cela en dit long sur son propriétaire et indique probablement des sentiments négatifs à l'égard de cette maison d'édition ; Je ne pense pas que vous trouverez également de tels éditeurs attrayants ; il est donc préférable d'éviter de tels éditeurs.

Si vous avez du mal à choisir avec quel éditeur choisir et que vous avez du mal à vous décider en ligne seul ne suffit pas, appelez directement l'éditeur et demandez-lui s'il envisagerait même de publier votre travail par téléphone. Faire cela donne une autre impression ; s'il y a quelqu'un de non professionnel et impoli à l'autre bout du fil, demandez-vous si vous souhaiteriez qu'il vous traite de cette façon dans vos relations futures (j'ai rencontré des gens se décrivant comme rédacteurs pour des éditeurs de théâtre, mais ils épelaient "première" avec un " a". Croyez-moi, ce n'était même pas un mensonge !).

Découvrez si un éditeur est approprié pour votre manuscrit en visitant son site Web et en recherchant dans sa base de données de livres à publier. Par exemple, si vous avez écrit quelque chose en bas allemand, Mahnke, Plausus ou VVB seraient probablement vos meilleures options ; mais soyez patient car ce processus pourrait prendre un certain temps jusqu'à ce qu'une réponse leur parvienne. Cependant, certains éditeurs confirmeront la réception de votre œuvre par courrier ; d'autres peuvent vous contacter par téléphone ou par e-mail ; mais si aucune confirmation n'arrive après plusieurs mois, je leur demanderai de récupérer mon manuscrit. Les éditeurs de théâtre semblent prétendre qu'ils reçoivent chaque jour de nombreux manuscrits sans disposer de suffisamment de temps pour répondre ou répondre. (D'autres éditeurs pourraient prétendre le contraire.) Si vous connaissez d'autres dramaturges, découvrez avec quels éditeurs ils travaillent ; en général, vous ne vous engagez que envers un seul éditeur lorsque vous publiez un seul article ; les pièces ultérieures peuvent toujours être proposées ailleurs si vous le souhaitez.

Une fois que vous avez trouvé un éditeur et que votre manuscrit a suscité l'intérêt, un contrat sera rédigé que les deux parties devront signer. Chaque contrat peut varier légèrement.
Ne pas s'inquiéter! Les éditeurs individuels n'y prêteront pas attention. Ce qui compte le plus, c'est de définir les droits et obligations des auteurs et des éditeurs ; ainsi que de discuter des finances et de la durée.

En tant qu'auteur, il vous appartient uniquement d'accorder à l'éditeur les droits nécessaires pour enregistrer à la radio et à la télévision, réaliser un film et traduire dans d'autres langues. Mais vous restez le créateur original – cédant simplement les droits d'utilisation. Si quelque chose dans le contrat ne rencontre pas votre approbation, informez-le simplement et discutez des modifications possibles - peut-être qu'un paragraphe ou un règlement pourrait changer en conséquence !

Naturellement, le partage des redevances fait partie intégrante de tout contrat et l'auteur en reçoit généralement 70 % et l'éditeur 30 %.
La durée et les droits de résiliation peuvent être un sujet de discussion ardue dans les contrats, mais je m'assure toujours qu'ils incluent des détails clairs quant à la durée et aux droits de résiliation (par exemple, chaque 31 décembre avec un préavis de 3 mois et un renouvellement automatique en cas de non-annulation).
Attention cependant : si le contrat ne précise pas sa durée et se contente de mentionner sa durée de protection légale, cela ne signifie rien d'autre que que votre manuscrit relève du droit d'auteur, c'est-à-dire jusqu'après votre décès (70 années post mortem !). Je conseille de ne signer que des contrats d'une durée de 3 à 5 ans avec tacite reconduction chaque année par la suite - même si la rupture intervient au bout de 5 ans il faut l'accepter, plutôt que de s'engager jusqu'à la fin de sa vie !

Assurez-vous de fournir des détails concernant la durée du contrat !

Alors que je cherchais un éditeur pour ma première œuvre en 1990, j'ai signé mon contrat sans fournir de dates ni de délais aux chefs de groupe pour accepter mes pièces, signant après que chacune d'entre elles ait été catégoriquement rejetée par cet éditeur. Si cela se reproduit et que les dirigeants des groupes de performance vous contactent et refusent de les exécuter à cause de ces contrats - comme cela s'est produit dans mon cas - alors vous aurez les mains complètement liées et cette erreur vous obligera à vous battre avec votre avocat pendant 8 ans pour vous en sortir. . Finalement, le 1er avril 2008, nous avons finalement gagné et nous sommes sortis. Cela demandait à la fois de la force et des nerfs.

Soyez malin : faites le choix d'un "excellent" éditeur !!!

Vous êtes-vous déjà demandé quel revenu génère une carrière d'écrivain dramatique ? Eh bien, voici votre chance de découvrir honnêtement cette réponse : tout comme les soldats ou les ouvriers reçoivent un salaire, les dramaturges reçoivent des redevances par l'intermédiaire des éditeurs qui ont publié votre pièce.

L'argent ne sera payable qu'une fois que votre pièce aura été jouée par une troupe de théâtre et que celle-ci aura réglé ses comptes avec l'éditeur une fois la saison terminée. Quant à savoir quand et dans quel délai cet argent arrivera : cela pourrait prendre un certain temps. Certains éditeurs règlent leurs comptes avec les auteurs immédiatement après le règlement avec les troupes de théâtre, tandis que d'autres envoient des relevés de redevances tous les trimestres, d'autres encore envoyant même des relevés annuels si nécessaire.

Comment est-ce calculé ? Chaque spectateur qui assiste à votre pièce doit payer un droit d'entrée. Comme le savent tous ceux qui fréquentent régulièrement un théâtre professionnel ou amateur, les groupes varient considérablement en termes de fréquence des représentations, de taille des salles utilisées et de prix d'entrée facturés par place - je connais des groupes qui ne présentent que 3 représentations dans des salles pouvant accueillir 100 spectateurs pendant 4 euros chacun tandis que d'autres réalisent 40 représentations sur plusieurs semaines pouvant accueillir 350 invités pour environ 12 euros chacun ! Et ainsi le processus continue sans fin !

1. Imaginez une troupe de théâtre qui joue cinq fois votre pièce pour un droit d'entrée de cinq euros par spectateur et qui affiche à chaque fois complet ; le revenu total étant de 2 500 euros provenant de cette seule représentation et 10 % soit 250 euros revenant à l'éditeur ; sur cette somme, 70 % vous reviendraient ou 175 euros iraient directement dans vos poches en guise de paiement de ce groupe.

Pourquoi ai-je écrit « serait » ? Eh bien, les éditeurs établissent généralement un taux minimum par représentation qui doit être payé si les revenus tombent en dessous de certains montants, généralement autour de 70 euros dans notre premier exemple. Dans ce cas, ce groupe n'atteindrait pas ce seuil minimum et devrait donc payer 70 euros car il n'atteindrait pas le tarif minimum par représentation ; cela signifie que 350 euros retourneraient directement dans les caisses de l'éditeur alors que 70 euros valent pour vous 245 euros (70/20 = 245)

J'entends de nombreuses troupes de théâtre se plaindre de cette réglementation ; Les « petites » scènes en particulier ont tendance à trouver cela très dérangeant. Pourtant, les éditeurs imposent des coûts élevés sans cet accord et il leur serait presque impossible

de survivre sans ce cadre ; donc en retour, cela profite également à nous, auteurs. Crois-moi; Sans cette réglementation, toutes les scènes ne paieraient probablement que 30 ou 40 euros par représentation !
Je ne pense pas que les spéciales devraient se plaindre. Peu importe la somme d'argent récoltée, 90 % finissent toujours par rester dans leur groupe ! Cela semble juste !
2. Exemple : Supposons que votre théâtre puisse accueillir 1 000 personnes. Les droits d'entrée par personne étaient de 12 euros à 16 dates différentes lors de votre représentation ; cela représenterait un total de 12 454 spectateurs.

Ça a l'air sympa ? Eh bien, je souhaite! Malheureusement, je n'ai jamais reçu une telle somme d'un groupe, mais mon objectif ici est simplement d'illustrer comment la facturation peut varier d'une étape à l'autre : vous pourriez recevoir aussi peu que 70 euros de l'une et près de 1000 euros de l'autre !

Si vous publiez un article rédigé en haut allemand et demandez à un traducteur de le traduire en bas allemand ou dans une autre langue, celui-ci devrait bien entendu percevoir des redevances ; après tout, ils ont fait beaucoup de travail pour le traduire. Leur part s'élève généralement à 20 %.

J'espère que vous vous sentez satisfait, car vous savez maintenant à peu près quel pourrait être votre potentiel de gains en jouant.

J'avais déjà joué 40 pièces en plusieurs actes lorsqu'Elke Siemers est venue me rendre visite il y a environ trois ans pour me parler à nouveau de sa vie. C'est une extraordinaire infirmière en pédiatrie et professeur de théâtre qui raconte des histoires d'une manière si engageante et unique qu'elles devraient toujours être filmées. Écouter ses histoires est vraiment délicieux ; il y a des années, nous avons réalisé que nous pouvions créer ensemble des contes incroyables. Oui, si nous laissons libre cours à notre imagination pendant une heure, une pièce complète peut émerger presque instantanément ; malheureusement seulement dans nos têtes au début. De nombreuses idées ont depuis été rapidement abandonnées. À un moment donné, il m'est devenu évident qu'elle avait une histoire tellement passionnante et chargée d'émotion à partager, dont beaucoup étaient issues de son expérience personnelle, que je savais que cela mènerait à quelque chose.

Maintenant, vous vous demandez peut-être comment fonctionne l'écriture ensemble — « écrire ensemble ». Jusque-là, j'avais rencontré deux approches. Elke avait déjà réalisé de nombreuses œuvres : peintures, performances sur scène, écriture de poésie et de courts romans ainsi que pièces de théâtre ; elle les a même essayés elle-même ! À cette époque, Elke avait peint de nombreux tableaux, écrit des récits de poésie et des romans courts, mais refusait l'écriture de style dialogue car ce n'était pas son point fort - selon ses propres mots.

Ce fut ma première expérience d'écriture collaborative. Au printemps 2008, nous avons de nouveau collaboré, cette fois avec Christoph Bredau comme co-scénariste.
Écrire avec Christoph était assez unique. À un moment donné, nous avons commencé à parler de théâtre et avons eu l'idée d'une comédie dans laquelle deux jeunes hommes se présentaient comme des « prostitués ». (Cette idée est venue lors d'une de mes précédentes sessions d'écriture avec Christoph.) J'ai déjà écrit un autre scénario de comédie présentant ce concept (voir la section précédente pour plus de détails.)
C'était fascinant que le titre de ma pièce me soit venu avant même de l'écrire : "Bienvenue Chez André". Nous avions initialement envisagé d'appeler le spectacle "Chez Roger", mais cela a pu présenter quelques difficultés pour les acteurs qui le interprètent car il doit être répété souvent sur scène. Peu avant la fin, nous avons remplacé Roger par André. Christoph est originaire du Bas-Rhin et travaille comme infirmier de profession ; C'est un cinéphile passionné qui fait de sa maison quelque chose de semblable à un véritable cinéma ! Bien que très intéressé par le théâtre en tant

qu'activité – mais peut-être pas prédisposé à ce métier. Dès le début, il savait que nous devions co-écrire cette pièce ensemble, ce qui signifie nous asseoir ensemble devant un ordinateur pendant que nous écrivions et élaborer l'intrigue au fur et à mesure que nous tapions. Au début, c'était un style d'écriture inconnu et inconnu pour moi ; Parfois, il y avait des suggestions de mon éditeur avec lesquelles je n'étais pas d'accord - mais parfois vice versa. De temps en temps, je devais maîtriser son enthousiasme lorsque ses idées allaient trop loin ; mais à de nombreuses reprises, il a écrit des choses que je n'aurais jamais pu écrire moi-même et qui étaient brillantes et perspicaces. De nombreuses scènes n'ont été améliorées que grâce à cette collaboration ; et nous pensons que nous devrions être fiers de ses résultats. Au moins, nous étions tous les deux extrêmement satisfaits de "Chez Andre", et après l'avoir terminé, nous avons décidé de ne pas arrêter et travaillons actuellement sur notre deuxième comédie: "Quatre mains pour un pis", qui devrait, espérons-le, être prête d'ici l'automne 2008.

Comme on peut le constater, il existe différentes approches pour écrire de la musique avec une autre personne. Si vous choisissez de composer l'intégralité de la pièce en couple, n'oubliez pas qu'aucun des deux partenaires n'est victime de temps en temps de travailler seul sur sa pièce, car cela pourrait être considéré comme injuste pour l'un ou les deux partenaires.
Faut-il préférer écrire ensemble ou seul ? Ni l'un ni l'autre ne devrait retarder la réalisation de ce qui est le mieux pour eux - je ne découragerai pas d'écrire ensemble, mais je voudrais souligner que cela fonctionne tout aussi bien lorsqu'on le fait seul - j'écrirai certainement à nouveau ma 50e œuvre en solo cette fois-ci ! Trouvez votre propre voie et votre propre style lorsque vous abordez l'écriture ensemble ou seul !

LA FIN